CB077473

Direito Disciplinar Penitenciário

2018 • Reimpressão

Joaquim António Lourenço Boavida

ALMEDINA

OBRA: DIREITO DISCIPLINAR PENITENCIÁRIO
AUTOR
Joaquim António Lourenço Boavida
EDITOR
EDIÇÕES ALMEDINA, S.A.
EDIÇÃO ORIGINAL

Rua Fernandes Tomás, nºs 76, 78 e 79
3000-167 Coimbra
Tel.: 239 851 904 · Fax: 239 851 901
www.almedina.net · editora@almedina.net
DESIGN DE CAPA
FBA.
PRÉ-IMPRESSÃO
EDIÇÕES ALMEDINA, S.A.
IMPRESSÃO E ACABAMENTO
PENTAEDRO, LDA.

Novembro, 2018
DEPÓSITO LEGAL
425965/17

ALMEDINA | GRUPOALMEDINA

Biblioteca Nacional de Portugal – Catalogação na Publicação

BOAVIDA, Joaquim António Lourenço

Direito disciplinar penitenciário. – (Monografias)
ISBN 978-972-40-6845-9

CDU 343

Direito Disciplinar Penitenciário

À memória dos meus avós, António e *Lurdes,*
por me terem criado e dado as referências de humanismo
e de respeito pelo outro que julgo ainda não ter perdido.

ÍNDICE

SIGLAS E ABREVIATURAS

Ac.	Acórdão
Al.	Alínea
Art(s).	Artigo(s)
BMJ	Boletim do Ministério da Justiça
CEJ	Centro de Estudos Judiciários
Cfr	Confrontar
Cit.[1]	Citada
CP	Código Penal
CPP	Código de Processo Penal
CRP	Constituição da República Portuguesa
Cód	Código
CEPMPL	Código da Execução das Penas e Medidas Privativas da Liberdade
DGRSP	Direcção-Geral de Reinserção e Serviços Prisionais
Ed.	Edição
EP	Estabelecimento prisional
LSJ	Licença de saída jurisdicional
Nº(s)	Número(s)
Ob	Obra
Pág	Página
Págs.	Páginas
RAE	Regime Aberto no Exterior

[1] Nas notas de rodapé a indicação "cit." pretende remeter para uma obra citada anteriormente do mesmo autor.

RAI	Regime Aberto no Interior
RGEP	Regulamento Geral dos Estabelecimentos Prisionais
Segs.	Seguintes
STJ	Supremo Tribunal de Justiça
TC	Tribunal Constitucional
TEP	Tribunal de Execução das Penas
V.	Vide
Vol.	Volume

INTRODUÇÃO

Tanto quanto é do meu conhecimento, inexiste qualquer obra que incida sobre o direito disciplinar penitenciário posterior à publicação do Código da Execução das Penas e Medidas Privativas da Liberdade[2]. Mesmo relativamente ao direito anterior, apenas surgem referências esporádicas e com a finalidade de afirmar a diferenciação relativamente a outros ramos do direito disciplinar, sobretudo da função pública.

Trata-se, portanto, de assunto não tratado. Apesar disso, é matéria que interessa às cerca de catorze mil pessoas que se encontram privadas da liberdade, a todos aqueles que trabalham no sistema prisional e nos tribunais de execução de penas, e aos familiares e defensores dos reclusos. No fundo, o assunto tem interesse para algumas dezenas de milhares de pessoas, situação potenciada pelo facto de a rotatividade nos estabelecimentos prisionais ser algo elevada.

Enquanto juiz de execução de penas, tenho deparado com as dificuldades que a interpretação e aplicação deste direito sancionatório suscita, sobretudo por inexistirem referências doutrinárias ou jurisprudenciais que constituam uma fonte de auxílio.

Fui reunindo ao longo dos anos alguns apontamentos sobre questões que me foram colocadas, por reclusos, dirigentes dos serviços prisionais e colegas magistrados. No início, até por o Código não ter sido de imediatamente objecto de regulamentação, que só entrou em vigor cerca de um

[2] Quando se cite uma disposição sem indicação do diploma a que pertence, deverá entender-se referida ao Código da Execução das Penas e Medidas Privativas da Liberdade.

ano e dois meses após o início da vigência daquele, viveu-se uma situação algo caótica. Muitos eram os problemas de interpretação, agravados por a generalidade dos directores de estabelecimentos prisionais não serem licenciados em direito, sendo que alguns dos instrutores dos processos disciplinares também não tinham tal qualificação. Os problemas começavam logo na fase da imputação dos factos ao recluso, momento em que era comum os instrutores comunicarem verbalmente os factos, sem haver qualquer referência escrita sobre quais os concretos factos objecto de imputação. Depois, surgiam os reclusos a dizer que não tinham sido confrontados com factos que se fizeram constar da decisão que aplicou a medida disciplinar.

Todavia, apesar de estarem decorridos mais de seis anos sobre a entrada em vigor do Código de Execução das Penas e Medidas Privativas da Liberdade, verifico que subsistem alguns atropelos a direitos fundamentais, o mais elementar deles o direito do recluso saber com exactidão quais os factos de que está acusado de ter praticado para se poder defender convenientemente. Mas os problemas não se ficam pela delimitação do objecto do processo disciplinar; estendem-se desde logo à fase de subsunção dos factos ao direito. Continuam a ser poucas as decisões que fazem a imputação subjectiva ou que alicerçam o juízo de culpa e é vulgar dizer-se que o recluso praticou duas infracções disciplinares quando está em causa um único facto ou conduta. A distinção entre facto e direito raramente é observada. É habitual misturar factos com a sua motivação. Várias decisões continuam a punir a simples posse de um telemóvel como uma infracção disciplinar grave – a prevista na alínea i) do artigo 104º do CEPMPL – sem que exista qualquer facto que demonstre que foi criado "perigo para a ordem e segurança do estabelecimento prisional", o qual não se pode presumir. Pior: no aludido circunstancialismo, ainda há quem puna tal conduta com a medida de internamento em cela disciplinar, a qual só é aplicável às infracções disciplinares graves.

O poder disciplinar existe para ser exercido e, ao contrário do que é vulgar pensar-se, são os próprios reclusos a reclamar que determinadas condutas sejam punidas, pois, apesar de estarem privados da liberdade, não perderam o sentido de justiça e têm necessidade de ver implementado um mínimo de ordem e segurança para que os seus direitos sejam assegurados num ambiente que é hostil e problemático.

A reclusão é sempre uma experiência extrema. Sofre-se pelas privações das grandes e pequenas coisas da vida, convive-se com quem não se quer, é-se obrigado a tolerar actos que noutras circunstâncias não se consentiriam e vive-se lado-a-lado com problemas radicais e que todos os dias põem à prova os reclusos.

Daí que a acção disciplinar, que deve ser exercida com firmeza e com um critério uniforme, tenha de levar em consideração o homem e o seu particular circunstancialismo quando está privado da liberdade.

Este trabalho foi motivado pela vontade de dar o meu modesto contributo para que o direito disciplinar penitenciário seja aplicado com um pouco mais de acerto.

Não é um manual nem uma enciclopédia, mas apenas uma súmula ou primeiro esboço. É um primeiro passo para a sistematização e desenvolvimento deste ramo do direito sancionatório, na esperança de que se lhe sigam obras que abordem esta matéria de uma forma mais profunda. Sobre algumas questões já consegui um suficiente amadurecimento para ter uma posição sólida e fundamentada, enquanto relativamente a outros aspectos ainda não existe verdadeira sedimentação, até por inexistir verdadeiro contraditório, pelo que, nessa parte, me limitei a enunciar os problemas.

A estrutura desta obra, se assim se lhe pode chamar, é composta por sete partes distintas. Continha originalmente mais dois capítulos, sobre a evolução histórica e o direito comparado, que entendi suprimir por nada acrescentarem àquilo que pretendo dizer, redundando em meras curiosidades, quando o meu objectivo é que verse sobre o essencial e evite o supérfluo.

As duas primeiras partes, sobre os princípios do direito disciplinar penitenciário e os elementos do conceito de infracção disciplinar, servem de base ou introdução às demais, embora sejam relevantes para perceber o enquadramento das diversas questões que se desenvolvem nos capítulos seguintes. Não obstante, contêm elementos relevantes sobre, por exemplo, a matéria da punibilidade da tentativa ou da negligência.

O terceiro capítulo aborda as normas tipificadoras das infracções disciplinares e pretende dar a conhecer o intrincado sistema radicular que subjaz às mesmas. Procura-se delimitar o âmbito de aplicação de cada uma das normas, de forma a perceber quais as concretas condutas que aí estão previstas e como essas normas se relacionam entre si. É uma parte muito relevante por serem evidentes as dificuldades práticas de delimitação entre infracções disciplinares que contêm conceitos próximos ou até comuns.

O quarto capítulo é dedicado às sanções disciplinares, versando desde o processo de escolha e determinação da sua duração até à respectiva execução, passando pelas vicissitudes intermédias.

A matéria das medidas para-disciplinares ou quase-disciplinares, que é objecto do quinto capítulo, era para mim um tema menor até ter deparado com a ênfase que lhe era dada por Martine Herzog-Evans, na 2ª edição do seu *Droit Pénitenciaire,* que li em 2013. Embora existam nessa matéria diferenças substanciais entre os direitos português e francês, desde então interessei-me por esse assunto e fui tomando conta das suas repercussões práticas. É uma matéria de grande pertinência para os reclusos – sobretudo pela ilegal possibilidade de na prática essas medidas serem utilizadas como verdadeiras sanções disciplinares - e que carecia de desenvolvimento por nunca ter sido sequer aflorada em Portugal.

O sexto capítulo contém o núcleo fundamental do presente trabalho, que é o procedimento disciplinar. Mais do que os aspectos substantivos e estáticos do direito disciplinar, aqui está em causa a dimensão dinâmica desse direito, sobretudo no seu aspecto prático, procurando dar uma ideia global de todas as questões que se colocam a esse respeito. Como resulta do já exposto supra, considero que existem pelo menos dois problemas na aplicação deste direito sancionatório: o primeiro na definição e delimitação prática das diversas infracções disciplinares; o segundo na observância das regras norteadoras do procedimento disciplinar. Na base desses problemas não está uma situação de actuação dolosa da administração prisional, mas antes de desconhecimento de como deve ser aplicado correctamente o direito e de falta de meios por serem poucos os juristas em exercício de funções. Pretende-se neste capítulo contribuir para que surjam no futuro menos erros e que a aplicação seja mais uniforme.

O último capítulo tem um objectivo circunscrito: enumerar e desenvolver as garantias de controlo sobre as decisões da administração penitenciária. O controlo jurisdicional é feito através do mecanismo processual da impugnação, que se aborda numa perspectiva dinâmica, desde a instauração até à decisão do tribunal, sem esquecer a execução desta.

I - PRINCÍPIOS DO DIREITO DISCIPLINAR PENITENCIÁRIO

Onde permaneçam duradouramente dois homens estabelecer-se-ão regras, ainda que informais, a disciplinar a relação entre eles.

A convivência dentro de uma organização, seja a sociedade ou qualquer outro subgrupo, obriga ao estabelecimento de regras ou normas.

Para que a organização subsista e realize as finalidades que prossegue é necessário que as normas sejam eficazes. É indispensável disciplinar o seu funcionamento e prever sanções para condutas que atentem contra valores fundamentais comuns a esse grupo.

A disciplina é um conjunto de regras de conduta que permite a um grupo social funcionar, assegurando a sua integridade, ordem e segurança.

Tal como a sociedade não consegue prescindir do recurso às penas para efectivar a manutenção dos seus valores fundamentais, a organização prisional também não conseguirá alcançar as finalidades da execução das penas e medidas privativas da liberdade sem sancionar as condutas que põem em causa os direitos fundamentais ou a disciplina, ordem e segurança internas, necessárias à prossecução daquelas finalidades. «Uma existência pacífica e regulada da vida prisional e a reinserção social do recluso não são possíveis na desordem e na insegurança[3]».

Porém, o exercício do poder disciplinar pela administração prisional tem de respeitar determinadas regras.

[3] Ana Fernanda Neves, *O Direito Disciplinar da Função Pública*, vol. I, Lisboa, 2007, pág. 78, acessível em http://repositorio.ul.pt/bitstream/10451/164/1/ulsd054620_td_vol_1.pdf.

Essas regras emanam de princípios jurídicos estruturantes[4], os quais têm «um importante valor cognoscitivo em ordem ao descobrimento de conexões jurídicas de sentido e à compreensão de certas regulações parcelares[5]». Tais princípios fornecem critérios teleológico-objectivos de interpretação e traduzem o actual grau de evolução histórica do direito disciplinar penitenciário.

1.1. Princípio da dignidade da pessoa humana

Logo no artigo 1º da Constituição da República Portuguesa se postula que «Portugal é uma república soberana, baseada na dignidade da pessoa humana e na vontade popular e empenhada na construção de uma sociedade livre, justa e solidária».

Ingo Wolfgang Sarlet[6] descreve a dignidade da pessoa humana como «a qualidade intrínseca e distintiva de cada ser humano que o faz merecedor do mesmo respeito e consideração por parte do Estado e da comunidade, implicando, neste sentido, um complexo de direitos e deveres fundamentais que assegurem a pessoa tanto contra todo e qualquer acto de cunho degradante e desumano, como venham a lhe garantir as condições existenciais mínimas para uma vida saudável, além de propiciar e promover a sua participação activa e co-responsável nos destinos da própria existência e da vida em comunhão com os demais seres humanos».

O respeito pela dignidade da pessoa humana é fundamental no tratamento do cidadão que se encontra a cumprir uma pena de prisão efectiva ou que está sujeito a uma medida privativa da liberdade num estabelecimento prisional ou equivalente.

A execução da medida privativa da liberdade não deve constituir um mal ou sofrimento pessoal acrescido ao que decorre do simples facto de se estar privado da liberdade.

A dignidade da pessoa humana é um princípio orientador da execução das penas e medidas privativas da liberdade – artigo 3º, nº 1, do CEPMPL.

[4] Karl Larenz, *Metodologia da Ciência do Direito*, Fundação Calouste Gulbenkian, 2ª edição, Lisboa, 1989, págs. 568, 572 e 577.

[5] Ob. cit., pág. 568.

[6] Ingo Wolfgang Sarlet, *Dignidade da Pessoa Humana e Direitos Fundamentais na Constituição Federal de 1988*, Livraria do Advogado, Porto Alegre, 2011, pág. 60.

Em sede disciplinar, a execução da medida disciplinar não pode ofender a dignidade do recluso nem comprometer a sua saúde ou integridade física - artigo 98º, nº 3, do CEPMPL.

Portanto, a aplicação e execução de medidas disciplinares deve assentar no respeito pela dignidade do recluso, constituindo um limite ético-jurídico à acção disciplinar, a qual deve respeitar o núcleo da personalidade individual, o mesmo é dizer os direitos fundamentais, desde os direitos pessoais até aos direitos sociais.

1.2. Princípio da tipicidade

Normalmente enuncia-se, a este propósito, o princípio da legalidade, mas o correcto é abordar o princípio da tipicidade por aquele ser mais amplo e este transmitir mais exactamente a ideia que se pretende enfatizar. O princípio da legalidade abrange tanto o princípio da tipicidade como os princípios da irretroactividade e da proibição da analogia.

O princípio da legalidade, enunciado no direito penal[7], expressa-se no aforismo "nullum crimen, nulla poena sine lege". Tem uma função de garantia, pela limitação do poder de punir que implica. Tal princípio tem consagração constitucional no artigo 29º, nº 1, da Constituição da República Portuguesa, onde se estabelece que «ninguém pode ser sentenciado criminalmente senão em virtude de lei anterior que declare punível a acção ou omissão, nem sofrer medida de segurança cujos pressupostos não estejam fixados em lei anterior».

O princípio da tipicidade constitui assim uma das manifestações específicas do princípio da legalidade. No âmbito disciplinar pode-se concretizar na exigência de que a definição tanto das condutas ilícitas como das sanções disciplinares aplicáveis seja feita por lei. O tipo de ilícito disciplinar deve estar previsto na lei e descrever suficientemente os seus elementos constitutivos de tal forma que só constituam comportamentos ilícitos os descritos nos tipos legais.

O princípio da tipicidade no âmbito disciplinar penitenciário, na sua vertente essencial, foi consagrado no artigo 98º, nº 1, do CEPMPL, ao impor que «só pode ser punida disciplinarmente a prática de facto que constitua infracção disciplinar nos termos do presente Código».

[7] V. artigo 1º do Código Penal.

No actual momento histórico, o princípio da tipicidade implica que as infracções disciplinares devam estar suficientemente tipificadas na lei, descrevendo detalhadamente os elementos da conduta, excluindo-se as fórmulas abertas e os conceitos indeterminados, pela insegurança jurídica que geram.

1.3. Proibição da analogia

O princípio da proibição da analogia é, na sua génese, uma exigência de interpretação das leis que começou por ter o seu âmbito privilegiado de aplicação no direito penal.

Já o Código Penal de 1852, no seu artigo 18º, considerava como não admissível a analogia para qualificar qualquer facto como crime[8].

O actual Código Penal veio consagrar tal princípio no nº 3 do seu artigo 1º, ao dispor que «Não é permitido o recurso à analogia para qualificar um facto como crime, definir um estado de perigosidade ou determinar a pena ou medida de segurança que lhes corresponde».

No fundo, se existir uma lacuna, tanto na definição do facto como na determinação da pena, não se pode recorrer à analogia para a integrar.

O Decreto-Lei nº 265/79, de 1 de Agosto, que incluía a matéria do direito disciplinar penitenciário, não continha qualquer preceito a proibir o recurso à analogia.

Além disso, esse diploma que antecedeu o CEPMPL, admitia a definição da infracção disciplinar por recurso a uma cláusula geral ou conceito aberto, pois, nos termos do seu artigo 132º, recaía sobre o recluso o dever de abster-se de adoptar conduta contrária à "ordem e disciplina do estabelecimento prisional" e aos "fins tidos em vista na execução da medida privativa da liberdade". Pior: admitia o ajustamento extralegal dos deveres do recluso, seja por via regulamentar seja por determinação concreta. Era isso que resultava do artigo 128º, nº 1, ao permitir que a determinação do ilícito disciplinar decorresse, não apenas da violação de deveres legais, de infracção dos "deveres que lhe são impostos"[9].

[8] «Não é admissível a analogia, ou indução por paridade ou maioria de razão, para qualificar qualquer facto como crime, sendo sempre necessário que se verifiquem os elementos essencialmente constitutivos do facto criminoso que a lei penal expressamente declarar».

[9] Ao invés das infracções disciplinares, o Decreto-Lei nº 265/79, de 1 de Agosto, continha um enunciado típico das medidas disciplinares aplicáveis – v. artigo 133º.

Nesse aspecto, como em tantos outros, o CEPMPL representa um avanço significativo relativamente ao direito precedente, ao proclamar no seu artigo 98º, nº 2, que «Não é permitido o recurso à analogia para qualificar um facto como infracção disciplinar nem para determinar a medida disciplinar que lhe corresponde, aplicando-se unicamente as medidas disciplinares previstas no presente Código».

Pôs-se assim fim à possibilidade da definição dos deveres ser feita de forma casuística, ao sabor das circunstâncias, ou de irem sendo acrescentados deveres por via regulamentar.

Actualmente, o elenco das infracções disciplinares e das sanções aplicáveis às mesmas constitui um sistema fechado, na medida em que estão rigorosamente delimitadas e não é possível a integração de lacunas.

A interpretação, que excluiu o recurso à analogia, está também mais facilitada por virtude de um outro fenómeno, que se abordará infra, que é a aproximação aos conceitos do direito penal, muitos dos quais foram acolhidos no CEPMPL.

1.4. Princípio *ne bis in idem*

É um dos princípios materiais mais antigos do direito penal e hoje é acolhido por todo o direito sancionatório.

Significa que ninguém deve ser castigado duas vezes pelo mesmo facto. Foi também erigido como princípio processual, nos termos do qual ninguém pode ser julgado duas vezes pelos mesmos factos.

Como princípio fundamental e estruturante do direito repressivo, tem acolhimento constitucional na perspectiva processual. Nos termos do artigo 29º, nº 5, da Constituição da República Portuguesa, «Ninguém pode ser julgado mais do que uma vez pela prática do mesmo crime».

Este princípio, também na faceta processual, encontra-se consagrado no artigo 98º, nº 6, do CEPMPL, onde consta que «O recluso não pode ser punido disciplinarmente mais de uma vez pela prática da mesma infracção disciplinar».

Para se fazer actuar o princípio *ne bis in idem* é necessário que exista uma tríplice identidade quanto ao sujeito, facto e fundamento jurídico.

No nosso actual ordenamento jurídico positivo ficou por resolver a questão da coexistência de sanções penais e disciplinares emergentes dos mesmos factos. Como é sabido, do mesmo facto pode resultar tanto a responsabilidade penal como a disciplinar. É verdade que na maior parte dos casos está em causa a violação de bens jurídicos distintos e nessa medida é admissível a dupla punição. Todavia, é em abstracto possível a existência de conduta assumida por recluso que apenas viola um bem jurídico, que é o penalmente tutelado, caso em que, no plano dos princípios, teremos uma violação do princípio *ne bis in idem*. Será por isso conveniente que numa futura reforma do CEPMPL se alargue o âmbito de aplicação de tal princípio aos casos em que existe a aludida identidade de bem jurídico.

1.5. Princípio da intervenção mínima

Este princípio, também designado de *ultima ratio,* envolve um sentido de subsidiariedade quando referido ao direito sancionatório. No fundo, só será admissível a aplicação de uma sanção quando for indispensável para proteger o bem jurídico tutelado.

No plano do direito disciplinar penitenciário, temos uma emanação do referido princípio no artigo 98º, nº 5, do CEPMPL, ao estabelecer que não há lugar a procedimento para aplicação de medida disciplinar quando se mostre suficiente a mera advertência ou a mediação. Se essas intervenções[10] junto do recluso permitirem tutelar devidamente o bem jurídico protegido, não será sequer instaurado procedimento disciplinar. É de elogiar esta forma que o legislador escolheu para dar expressão ao princípio da intervenção mínima, na medida em que permite resolver o problema disciplinar e, em simultâneo, poupar meios humanos e materiais, sempre inerentes ao normal desenrolar de um procedimento disciplinar.

Outra manifestação do princípio da *ultima ratio* pode ser descortinada na norma do artigo 106º, nº 1, do CEPMPL, ao permitir a suspensão da execução de medida disciplinar aplicada a infracções disciplinares simples sempre que a mera censura do facto e a ameaça da sanção realizem de forma adequada e suficiente as suas finalidades.

No fundo, no sistema prisional uma sanção disciplinar só poderá ser aplicada se for imprescindível para manter a ordem, salvaguardar a segurança do estabelecimento prisional, assegurar uma vida em comum orga-

[10] Tanto a advertência como a mediação não constituem sanções disciplinares, mas apenas formas alternativas de resolução de problemas disciplinares.

nizada e segura[11] ou proteger os direitos fundamentais[12], designadamente das pessoas que aí se encontram recluídas.

1.6. Princípio da proporcionalidade

O artigo 266º, nº 2, da Constituição da República Portuguesa exige que a administração pública actue com respeito pelo princípio da proporcionalidade.

A sua aplicação prática vai além da actuação da administração pública, pois é um princípio transversal a todo o sistema jurídico sancionador e constitui uma exigência na realização da justiça. A aplicação da justiça só será justa se for proporcional.

Exige este princípio que a gravidade da sanção seja proporcional à gravidade dos factos cometidos.

A exigência de proporcionalidade coloca-se sobretudo no momento da aplicação da sanção.

Constitui uma expressão deste princípio o disposto no artigo 105º, nº 3, do CEPMPL, ao exigir que tanto a escolha da sanção disciplinar como a determinação da respectiva duração sejam feitas com base, além do mais, na gravidade da conduta e no grau de culpa.

No CEPMPL constam outras manifestações do princípio da proporcionalidade. Desde logo, nos termos do nº 4 do artigo 86º, a ordem, a segurança e a disciplina são mantidas com subordinação ao princípio da proporcionalidade. Também a intervenção de outras forças e serviços de segurança em articulação com os serviços prisionais deve respeitar o princípio da proporcionalidade – nº 2 do artigo 87º. Os meios de ordem e segurança no estabelecimento prisional, bem como os meios coercivos, são utilizados de forma proporcional e pelo tempo estritamente necessário à realização dos objectivos que visam alcançar – artigos 88º, nºs 4 e 5, e 94º, nº 3. Também a utilização de medidas cautelares na pendência do processo disciplinar devem ser proporcionais à gravidade da infracção – nº 2 do artigo 111º.

[11] V. artigo 86º, nº 1, do CEPMPL.

[12] V. artigo 86º, nº 2, do CEPMPL.

1.7. Princípio da aproximação do direito disciplinar penitenciário ao direito penal e processual penal

A explicitação dos princípios tem a virtude de permitir conhecer a estrutura de um determinado ramo do direito e de ajudar a estabelecer critérios de interpretação das normas.

Nesse sentido, nenhum outro princípio nos dá uma ideia tão exacta do actual direito disciplinar penitenciário do que o princípio da aproximação ao direito penal e processual penal.

É um princípio basilar do actual direito disciplinar penitenciário, embora seja objecto de alguma incompreensão.

Na verdade, quando foi publicado o CEPMPL[13] surgiram algumas críticas a apontar que aquele Código, na parte disciplinar, constituía uma cópia ou decalque do Código Penal e do Código de Processo Penal, no que respeita a conceitos e institutos jurídicos.

Tais críticas não têm razão de ser[14] e, pelo contrário, considera-se que bem andou o legislador ao recorrer aos conceitos e institutos jurídicos daqueles dois Códigos.

O direito administrativo é por tradição muito menos propenso a estabelecer normas de protecção das garantias fundamentais do indivíduo[15]. O direito penal e processual penal, ao invés, é substancialmente mais elaborado e consagra verdadeiras garantias para o cidadão no confronto com o exercício do *ius puniendi* por parte do Estado.

Assim sendo, considera-se relevante para a defesa dos direitos fundamentais que o direito sancionatório esteja imbuído da generalidade dos princípios que norteiam o direito penal e processual penal, na parte em que se consiga fazer a respectiva transposição. Mais, por regra, ao proce-

[13] O Código da Execução das Penas e Medidas Privativas da Liberdade foi aprovado pela Lei nº 115/2009, de 12 de Outubro, e entrou em vigor 180 dias após a sua publicação, em 10.04.2010. Já o Regulamento Geral dos Estabelecimentos Prisionais, previsto no nº 2 do artigo 1º do CEPMPL, só viria a ser aprovado pelo Decreto-Lei nº 51/2011, de 11 de Abril, tendo entrado em vigor 60 dias após a sua publicação, ou seja, em 10.06.2011.

[14] Já na parte do Livro II, relativa ao processo perante o tribunal de execução das penas, o CEPMPL poderia ter sido melhorado, notando-se algumas lacunas e incongruências por não terem sido recolhidos contributos dos magistrados de execução de penas. Tais insuficiências notam-se sobretudo na realização prática do direito.

[15] Sobre o desenvolvimento deste ponto, v. Carlos Fraga, in *O Poder Disciplinar no Estatuto dos Trabalhadores da Administração Pública*, 2ª edição, Editora Petrony, Lisboa, 2013, pág. 595 e segs.

dimento disciplinar penitenciário devem ser aplicáveis, tanto quanto possível, os princípios e garantias próprios do processo penal.

Da assimilação de princípios, conceitos e institutos jurídicos do direito penal e processual penal resultaram várias vantagens para o direito disciplinar penitenciário.

Primeiro, dessa transposição resultou o aprofundamento do direito de defesa dos reclusos.

É inquestionável que os reclusos dispõem agora de maiores garantias de defesa do que dispunham no âmbito do Decreto-Lei nº 265/79, de 1 de Agosto. Como exemplos podem apontar-se a ampliação e explicitação das regras relativas ao exercício do direito de defesa, a previsão de um procedimento disciplinar mais dialéctico, o alargamento das garantias processuais, a possibilidade de produção de quaisquer meios de prova, o estabelecimento de repercussões da aplicação de medidas cautelares na sanção disciplinar que vier a ser aplicada e a fixação de prazos de prescrição tanto para o procedimento disciplinar como para a medida disciplinar.

Segundo, a assimilação deu origem a uma clarificação de conceitos.

O direito disciplinar penitenciário, embora sendo direito administrativo, é susceptível de afectar direitos fundamentais, bastando enfatizar que a imposição de uma sanção de internamento em cela disciplinar cerceia ainda mais a liberdade de um recluso. É um direito que se dirige a um conjunto de pessoas que se encontram numa situação particularmente delicada – privação da liberdade – e, nessa medida, é um direito sancionatório com características especiais[16] e que tem intensos pontos de contacto com o direito penal.

Como os conceitos em direito penal foram objecto de depuração ao longo dos séculos e se atingiu há muito a maturidade conceptual, a interpretação é agora uma tarefa mais simples. A título de exemplo, não é actualmente preciso perder muito tempo a apurar o que é uma ameaça disciplinarmente relevante, bastando recorrer ao conceito do artigo 153º, nº 1, do Código Penal.

Terceiro, a assimilação conduziu a uma maior segurança jurídica.

[16] É precisamente o facto de se dirigir a pessoas privadas da liberdade e de estarem em jogo direitos fundamentais que justifica que a impugnação das medidas desfavoráveis da administração prisional seja apreciada por juízes de tribunais judiciais e não de tribunais administrativos.

Nuns casos o direito sancionador penitenciário recorreu directamente a conceitos do direito penal[17] e noutros adaptou esses conceitos às suas especiais particularidades, como sucede com a reincidência disciplinar, o concurso de infracções, a infracção continuada, a suspensão da execução, os antecedentes disciplinares e a prescrição.

Com a consolidação desses conceitos, é hoje mais fácil a um jurista, como a qualquer outra pessoa, perceber a natureza, alcance e repercussões dos conceitos utilizados no procedimento disciplinar.

Quarto, a aproximação ao direito penal e processual penal permitiu acolher totalmente normas internacionais, como é o caso das Regras Mínimas para o Tratamento de Reclusos das Nações Unidas (regras 27 a 34)[18], das Regras Penitenciárias Europeias[19] e da Convenção Europeia dos Direitos do Homem[20].

[17] *V.g.*, conceitos de estupefacientes, evasão, ameaça, difamação, jogos de fortuna ou azar, actuação dolosa, dano, culpa, etc.

[18] Aprovadas pela Resolução das Nações Unidas de 31.08.1955. A mero título exemplificativo, no âmbito do direito anterior, era no mínimo duvidoso que o Decreto-Lei nº 265/79, de 1 de Agosto, satisfizesse o estipulado na regra 29, al. a), no que respeita à definição da "conduta que constitua infracção disciplinar", e na regra 30, nº 2, sobre a "oportunidade adequada para apresentar a sua defesa".

[19] Terceira versão aprovada pelo Comité de Ministros na 952ª reunião de Delegados dos Ministros do Conselho da Europa, de 11 de Janeiro de 2006. É de destacar que o CEPMPL conseguiu acomodar as Regras Penitenciárias Europeias, facto que é notório logo ao nível da linguagem e da sistematização. No que respeita à matéria disciplinar são relevantes as regras 56.1 a 63, totalmente acolhidas tanto no CEPMPL como no RGEP.

[20] Foi adoptada em Roma, a 04.11.1950, entrou em vigor em alguns países a 03.09.1953. Em Portugal entrou em vigor, sob reservas, a 09.11.1978, sendo que a França só a ratificou por decreto publicado em 03.05.1974. É especialmente relevante o artigo 6º, onde se estabelecem várias exigências processuais. V., em especial, o nº 1, que tem sido objecto de algumas interpretações no sentido de ao procedimento disciplinar serem aplicadas as garantias, aí descriminadas, relativas à acusação em processo penal.

II – ELEMENTOS DO CONCEITO DE INFRACÇÃO DISCIPLINAR

2.1. Conceito de infracção disciplinar

O recluso mantém a titularidade dos direitos fundamentais, salvas as limitações inerentes ao cumprimento da decisão que ordenou a privação da liberdade e as impostas por razões de ordem e de segurança do estabelecimento prisional[21].

Incumbe aos serviços prisionais assegurar a defesa dos direitos fundamentais dos reclusos na parte não objecto da aludida limitação[22]. Por isso, o recluso tem o direito à protecção da sua vida, saúde, integridade pessoal e liberdade de consciência, mantendo o exercício dos direitos civis, políticos, sociais, económicos e culturais[23].

Para assegurar tais direitos dos reclusos, bem como a segurança e a ordem do estabelecimento prisional, necessárias para a boa organização da vida comunitária[24], os serviços prisionais têm de tomar decisões e levar a cabo as acções adequadas legalmente previstas[25].

[21] Artigos 6º do CEPMPL e 30º, nº 5, da CRP.

[22] Tal como resulta directamente do disposto no artigo 3º do CEPMPL.

[23] Artigo 7º, nº 1, alíneas a) e b), do CEPMPL.

[24] V. regra 27 das Regras Mínimas para o Tratamento dos Reclusos, onde também se preconiza que «a ordem e a disciplina devem ser mantidas com firmeza».

[25] Pode-se afirmar que a manutenção da ordem e segurança do estabelecimento prisional tem uma função meramente instrumental. É uma forma de assegurar a convivência pacífica e organizada, proteger os bens jurídicos dos reclusos e de proporcionar condições mínimas para

As decisões da administração penitenciária são susceptíveis de agravar as condições em que se cumpre a pena ou a medida privativa da liberdade. Essa agravação pode ou não ter natureza disciplinar.

Em princípio, a reacção dos serviços prisionais a uma conduta do recluso terá natureza disciplinar se se alicerçar na prática de uma infracção disciplinar.

A infracção disciplinar é estruturada em torno da violação de deveres que impendem sobre o recluso.

Sempre que existir um dever tipificado, a sua violação, com culpa, constitui uma infracção disciplinar.

A conduta factual do recluso deve preencher o tipo legal do ilícito disciplinar e ser culposa. A responsabilidade disciplinar penitenciária pressupõe, tal como a penal, a prática de um facto ilícito e culposo.

A essa conduta, com as referidas características, a administração prisional, reage aplicando, no culminar de um procedimento disciplinar, uma das sanções disciplinares legalmente previstas.

O direito disciplinar de natureza penitenciária configura-se como uma modalidade do direito disciplinar administrativo[26]. Todavia, devido à assimilação de conceitos do direito penal, são muito importantes os contributos deste ramo para a decomposição do conceito de infracção disciplinar, o que se fará a seguir.

2.2. Acção típica

As normas que definem as infracções disciplinares identificam as condutas que não devem ser adoptadas, à semelhança das normas penais que definem os tipos de crime. Subjaz a cada uma dessas normas um determinado dever, ou seja, uma conduta, activa ou omissiva, que é esperada do recluso[27].

O facto desvalioso, disciplinarmente relevante, tanto pode ser uma acção como uma omissão.

que sejam alcançados os objectivos da execução das penas e medidas privativas da liberdade, os quais se mostram fixados no artigo 2º do CEPMPL.

[26] Acórdão 263/94, de 23.03.1994, do Tribunal Constitucional, proferido no processo nº 566/92.

[27] Não insultar, não agredir, apresentar-se limpo e cuidado, observar conduta correcta relativamente a todas as pessoas, etc.

O recluso que insulta outro recluso, facto ilícito que se realiza através de uma conduta activa, comete a infracção disciplinar prevista na alínea l) do artigo 103º do CEPMPL. Como exemplo de uma omissão, temos o recluso que não procede, reiteradamente, à limpeza do alojamento que lhe está atribuído, caso em que pratica a infracção disciplinar prevista na alínea b) do artigo 103º do referido Código.

Para ser relevante, o comportamento tem de ser dominado pela vontade ou dominável pela vontade. O recluso que adormece no refeitório ou na biblioteca e cai em cima de um objecto, danificando-o, não comete a infracção disciplinar prevista na alínea j) do artigo 103º do CEPMPL. A acção que conduziu à danificação do objecto não foi dominada pela vontade. Não foi um facto cometido voluntariamente, sendo que a negligência é para o efeito irrelevante.

Não é qualquer facto praticado pelo recluso, ainda que em abstracto possa ser considerado desvalioso, que o faz incorrer em responsabilidade disciplinar.

É necessário que essa conduta esteja legalmente prevista como constituindo uma infracção disciplinar. O facto tem de corresponder a um tipo legal de infracção.

O tipo corresponde à descrição da situação de facto que constitui o ilícito disciplinar.

2.3. Punibilidade da tentativa

O CEPMPL não contém uma norma semelhante à do artigo 22º, nº 1, do Código Penal, onde se refere que «Há tentativa quando o agente pratica actos de execução de um crime que decidiu cometer, sem que este chegue a consumar-se».

Na ausência de uma norma a dar-lhe relevância, a tentativa de cometimento de determinada infracção disciplinar é, em princípio, irrelevante[28]. Por exemplo, a tentativa de estabelecimento de uma comunicação irregular não é passível de ser sancionada.

[28] A extensão da punibilidade da infracção consumada a fases anteriores à consumação exige a existência de uma norma expressa, como aquela que consta da parte geral do Código Penal. Sem essa norma não é admissível o alargamento da responsabilidade disciplinar à tentativa.

Porém, a tentativa que conste expressamente do tipo de ilícito disciplinar já é relevante. Nesse caso a tentativa constitui já, de *per si*, uma infracção disciplinar. É o que sucede com a tentativa de evasão – alínea n) do artigo 104º do CEPMPL.

Por outro lado, a tentativa de prática de algumas infracções disciplinares pode constituir ela própria uma infracção disciplinar. A título de exemplo, aponta-se a conduta do recluso que durante o período de permanência a céu aberto não aceita a ordem para regressar à sua cela e, sem sucesso, efectua diligências junto dos outros reclusos para os tentar convencer a participar em acto colectivo de desobediência. Neste caso, embora não possa ser punido pela tentativa de motim, há-de ser sancionado pela infracção disciplinar prevista na alínea q) do artigo 104º do CEPMPL.

Em suma, exceptuando nos dois casos apontados, em todas as outras hipóteses a tentativa não será punível.

2.4. Dolo e negligência

Além de preencher o tipo objectivo da infracção – o facto constante da previsão legal -, é necessário que se verifiquem os elementos constitutivos do seu tipo subjectivo, apurando o modo como o autor se liga à acção.

Deixando agora de parte a questão da punibilidade da negligência em sede disciplinar, é indispensável, para que se possa falar numa acção típica relevante, que o recluso tenha representado o facto desvalioso e que o tenha querido praticar ou, pelo menos, que ao actuar se tenha conformado com a possível realização do facto tipificado como consequência da conduta[29]. O dolo pode surgir em qualquer uma das três modalidades previstas no artigo 14º do Código Penal, ou seja, dolo directo, necessário ou eventual[30].

[29] O dolo envolve sempre um elemento cognitivo e um outro volitivo. Pressupõe conhecimento e vontade: conhecer os elementos objectivos da infracção típica e vontade de os realizar, ainda que na forma de conformação com o resultado.

[30] Regra geral, as infracções disciplinares são praticadas com dolo directo. Todavia, também existem alguns casos de actuação com dolo directo ou eventual. Foi o que sucedeu num estabelecimento prisional da região centro, em que um recluso que tinha consigo um embrulho com estupefaciente, quando um guarda prisional o mandou parar para ser revistado, correu em direcção a uma porta, com a intenção de se desfazer do estupefaciente, estando entre si e a porta um outro guarda prisional. Embora não fosse sua intenção ofender o corpo do guarda, em passo de corrida, desferiu-lhe um empurrão, com a exclusiva finalidade de conseguir fugir

No direito penal, a regra é só ser punível o facto praticado com dolo. Somente nos casos especialmente previstos na lei é que pode ser punido o facto praticado com negligência.

O CEPMPL não contém norma semelhante e, em sede disciplinar, a negligência só será punível se legalmente prevista.

Ora, o referido Código apenas prevê uma situação de punibilidade da negligência, a qual consta da alínea g) do artigo 104º. Exige-se aí expressamente uma negligência grosseira no acto de destruir, danificar, desfigurar ou tornar não utilizáveis, bens do estabelecimento prisional, de funcionários prisionais, dos demais reclusos e de terceiros, de valor económico significativo, ou, independentemente do prejuízo causado, criando perigo para a ordem e segurança do estabelecimento prisional.

Em todas as demais infracções disciplinares, somente releva a actuação dolosa. A actuação negligente não é, nesses casos, punida. Tal circunstância tem alguma acuidade no que respeita às duas primeiras alíneas do artigo 103º. Como exemplo, se o recluso, de uma forma negligente e não dolosa, não se apresentar limpo e arranjado, não deve ser punido disciplinarmente; só se agir com dolo, designadamente na modalidade de eventual.

2.5. Nexo de causalidade – imputação objectiva

Para que se possa falar em responsabilidade disciplinar é ainda necessária a existência de um nexo de causalidade entre a conduta do recluso e o evento material produzido nas infracções disciplinares que pressuponham a existência de um resultado. É necessário que a conduta seja causa adequada da produção do facto constante da previsão legal, no sentido de ser previsível para uma pessoa média que daquela decorra aquele resultado.

Nas infracções disciplinares de perigo abstracto ou de mera actividade, como sucede com a vertida na alínea j) do artigo 104º do CEPMPL, em que o perigo é a razão determinante da existência do ilícito, mas não faz parte do tipo, por o perigo não estar concretizado sobre um certo bem jurídico[31], basta o cometimento da acção aí descrita.

daquele local, fazendo com que caísse no chão e contraísse várias lesões, as quais motivaram o internamento hospitalar.

[31] Não é necessária a lesão do bem jurídico ou a colocação deste bem em perigo concreto e real.

Algumas infracções disciplinares exigem que o facto ou actividade tenha criado perigo para a ordem e segurança do estabelecimento prisional. É o que sucede com os tipos previstos nas alíneas a), b), g), i) e q) do artigo 104º do CEPMPL. Para além da realização de um certa actividade é necessária a verificação desse concreto perigo. Há nestes casos uma dupla imputação objectiva: tem de estar demonstrado que aquele facto é resultado da conduta do recluso e que colocou efectivamente em risco a ordem e segurança do estabelecimento prisional, ou seja, tem de existir também um nexo de imputação objectiva entre a acção e o perigo, dado que este perigo concreto se destaca espácio-temporalmente da acção.

2.6. A ilicitude e as causas da sua exclusão

A ilicitude é a negação dos valores subjacentes à conduta que era esperada do recluso. No fundo, assume uma conduta que é contrária a uma norma perceptiva ou proibitiva.

A acção será ilícita quando realizando o tipo disciplinar não haja uma causa de justificação da mesma.

São susceptíveis de ser estendidas ao direito disciplinar penitenciário todas as causas de exclusão da ilicitude previstas no Código Penal, como sejam a legítima defesa, o exercício de um direito, o consentimento do lesado, a obediência a ordem legítima da autoridade, o direito de necessidade, o conflito de deveres, entre outros.

Todas as causas de exclusão da ilicitude envolvem sempre a questão de saber quando um valor recua perante outro. É necessária a ponderação dos valores em presença e apurar qual deles deve ceder, com recurso às regras do artigo 31º e seguintes do Código Penal.

2.7. A culpa e as causas de exculpação

A culpa é no direito disciplinar um conceito valorativo, no sentido de acto censurável por ser exigível ao agente um outro comportamento. O juízo de reprovação só é passível de ser formulado se o agente podia agir de outra forma. Se podia agir de outra maneira, então o recluso devia ter actuado de harmonia com a norma que impunha o cumprimento de determinado dever. Para alicerçar tal juízo é necessário um determinado substrato factual.

Formula-se um juízo de culpa sobre um recluso quando se consegue afirmar que este tinha conhecimento da ilicitude da conduta e que era livre de se determinar segundo esse conhecimento. Envolve imputabilidade ou capacidade de culpa e consciência da ilicitude. A imputabilidade subdivide-se em razão da idade e na ausência de anomalia psíquica.

Como causas de exclusão da culpa são relevantes a inimputabilidade em razão de anomalia psíquica[32], o erro sobre a proibição, o estado de necessidade desculpante, o excesso de legítima defesa desculpável, entre outras.

No meio prisional são relativamente comuns as situações de degradação do estado mental dos reclusos, até atingirem um estado de inimputabilidade relativa ou até absoluta[33]. Embora menos frequente, também o excesso de legítima defesa é um fenómeno com alguma pertinência. Quando estão em causa agressões entre reclusos, a defesa mais frequente no âmbito do procedimento disciplinar é a invocação da legítima defesa.

O juízo de culpa é gradativo. É necessário apurar qual o grau de culpa por este ser relevante para a escolha e a determinação da duração da medida disciplinar – artigo 105º, nº 3, do CEPMPL. Maior culpa determina maior responsabilidade disciplinar.

Como refere Cavaleiro de Ferreira[34], para apurar o grau de culpa, «hão-de tomar-se em consideração fins, motivos, sentimentos, emoções e tendências que participaram na formação da vontade».

[32] Nos termos do artigo 19º do Código Penal, os menores de dezasseis anos são inimputáveis. Como tal, os menores de dezasseis anos de idade não podem ser sujeitos a prisão preventiva, pena de prisão, medida de segurança ou internamento preventivo, pelo que não se coloca a questão da inimputabilidade em razão da idade no âmbito do direito disciplinar penitenciário.

[33] Como princípio, as situações de doenças mentais causais de irresponsabilidade penal não deveriam encontrar-se em reclusão. Se detectada em julgamento, quando muito poderia dar lugar à aplicação de uma medida de segurança. Se verificada durante a execução da pena, seria aplicável o processo de internamento, caso subsistisse a perigosidade. Não é isso o que a prática demonstra. Cada vez existem mais pessoas nas prisões com doenças mentais e com graves problemas de comportamento.

[34] Lições de Direito Penal, Editorial Verbo, Lisboa, 1987, vol. I, pág. 177.

2.8. Causas de extinção da responsabilidade disciplinar

A responsabilidade disciplinar extingue-se por:

a) Morte do recluso;
b) Amnistia e perdão;
c) Cessação da qualidade de recluso;
d) Prescrição do procedimento disciplinar;
e) Prescrição da sanção disciplinar.

Em decorrência do disposto no artigo 30º, nº 3, da Constituição da República Portuguesa, não sendo a responsabilidade disciplinar transmissível, com a morte do recluso extingue-se a medida disciplinar ou, se ainda não tiver sido proferida decisão, o procedimento disciplinar.

As infracções disciplinares são em abstracto susceptíveis de amnistia, enquanto acto de soberania e medida geral e objectiva, visando determinada categoria de infracções cometidas em certas circunstâncias ou num lapso de tempo determinado. O mesmo se diga do perdão genérico[35] de medidas disciplinares. O artigo 161º, alínea f), da CRP prevê a competência da Assembleia da República para conceder amnistias e perdões genéricos, sem se referir exclusivamente à responsabilidade penal - ao contrário do artigo 134º, alínea f), que se refere a "penas"-, pelo que é admissível incidir sobre a responsabilidade disciplinar, em especial da penitenciária. As medidas disciplinares não são susceptíveis de indulto, o qual constitui uma causa de extinção apenas da responsabilidade penal[36].

A perda da qualidade de recluso é também uma causa de extinção da responsabilidade disciplinar. O agente pode deixar de ter essa qualidade num momento em que ainda nem sequer está instaurado o procedimento disciplinar[37], no decurso deste, após a decisão que aplicou a sanção disciplinar - mas antes de executada - ou durante a sua execução. A restituição

[35] O perdão é uma forma de extinção, total ou parcial, das sanções, enquanto a amnistia extingue o procedimento destinado à aplicação da sanção e, no caso de já ter havido condenação, faz cessar a sua execução ou os efeitos que ainda permaneçam da aplicação da sanção – v. artigo 128º, nºs 2 e 3, do Código Penal.

[36] V. artigo 134º, alínea f), da CRP.

[37] É o caso da infracção disciplinar cometida em momento que antecede a libertação, como por exemplo durante a noite que antecede a manhã em que deve ocorrer a restituição à liberdade.

do recluso à liberdade torna impossível a acção disciplinar. A libertação, independentemente das suas diferentes causas, é imperativa. Após recebido o mandado de libertação do tribunal competente[38], não é possível a manutenção em reclusão do agente para cumprir uma medida disciplinar e muito menos a detenção, após ter sido libertado, para, por exemplo, cumprir uma sanção de internamento em cela disciplinar. Todo e qualquer efeito penitenciário decorrente da prática da infracção disciplinar cessa no momento da libertação do recluso.

Para além da libertação, tem igual efeito a extradição ou a entrega do recluso a entidade estrangeira para cumprimento de pena ou medida privativa da liberdade no estrangeiro. Nesse caso, o agente perde a qualidade de recluso perante o nosso ordenamento e é isso que releva. Ao contrário da pena e medida de segurança cuja execução pode decorrer no estrangeiro, não existe qualquer instrumento que permita a transmissão de sanções disciplinares entre estados.

2.8.1. Prescrição do procedimento e da medida disciplinar

O Código da Execução das Penas e Medidas Privativas da Liberdade prevê duas formas de prescrição.

A primeira, respeita à prescrição do procedimento disciplinar, que se extingue, por esse efeito, quando tiverem decorrido quatro ou seis meses a contar da data do cometimento da infracção, conforme se trata de infracções simples ou graves, respectivamente – artigo 115º, nº 1. Constitui facto interruptivo dessa prescrição a comunicação ao recluso da instauração do procedimento disciplinar.

A segunda opera relativamente à medida disciplinar, que prescreve nos prazos de quatro ou seis meses a contar do dia seguinte ao da decisão que a aplicou, consoante se trate, respectivamente, de infracções simples ou graves, respectivamente – artigo 115º, nº 3. A prescrição da medida disciplinar interrompe-se com o início da execução da medida.

[38] Em caso de urgência, nos termos do nº 2 do artigo 23º do CEPMPL, a libertação também pode ser ordenada por qualquer meio de comunicação autenticado, remetendo-se posteriormente o respectivo mandado.

III – INFRACÇÕES DISCIPLINARES

O ilícito disciplinar penitenciário é fundamentalmente definido como o incumprimento de um dever que recai sobre o recluso.

Mas não é suficiente a violação de um dever para que o comportamento seja susceptível de ser sancionado com uma medida disciplinar. É necessário que esse concreto comportamento esteja tipificado como uma infracção disciplinar[39].

O legislador tipificou as infracções disciplinares e dividiu-as em dois grupos: graves e simples[40].

[39] No direito anterior ao CEPMPL, em que vigorava o Decreto-Lei nº 265/79, de 1 de Agosto, nos termos do seu artigo 132º, recaía sobre o recluso o dever de abster-se de adoptar conduta contrária à "ordem e disciplina do estabelecimento prisional" e aos "fins tidos em vista na execução da medida privativa da liberdade". Portanto, a infracção era determinada por subsunção a uma cláusula geral, embora se descriminassem algumas condutas que constituíam infracções disciplinares. Existia uma perniciosa indeterminação de conceitos, o que suscitava algumas reservas em termos de legalidade sancionatória.
Tanto as cláusulas abertas como os conceitos indeterminados não devem existir no âmbito do direito disciplinar penitenciário por potenciarem situações de interpretação discricionária e representarem uma violação do princípio da segurança jurídica. Tal técnica legislativa dificilmente se compatibiliza com a circunstância de o recluso se encontrar numa situação de sujeição e de vulnerabilidade, sendo que deve conseguir prever, com suficiente segurança, a natureza e características essenciais das condutas constitutivas de infracções disciplinares.

[40] A divisão bipartida das faltas disciplinares não é uniforme no direito comparado. A título de exemplo, no direito francês vigora a divisão tripartida das infracções disciplinares, em três graus, consoante a gravidade do comportamento – artigo R. 57-7 do Code de Procédure Pénal.

As infracções disciplinares simples encontram-se tipificadas no artigo 103º e as graves no artigo 104º, ambos do CEPMPL.

As autoridades disciplinares penitenciárias têm o dever de qualificar de forma precisa os comportamentos dos reclusos, enquadrando-os na respectiva norma típica. O intérprete-aplicador deve ter a noção exacta dos conceitos e socorrer-se das regras jurídicas para fazer o enquadramento correcto da conduta disciplinarmente ilícita.

Não é admissível o método da qualificação alargada, em que o mesmo comportamento é considerado como preenchendo várias infracções disciplinares[41].

Por isso, é muito importante a interpretação das normas tipificadoras de infracções disciplinares para determinar o seu conteúdo e alcance.

No presente capítulo procura-se qualificar, classificar e sistematizar as infracções disciplinares, com a finalidade de facilitar a tarefa do intérprete-aplicador.

3.1. Falta de higiene, de apresentação cuidada e de colaboração na limpeza de espaços e equipamentos

Recai sobre o recluso o dever de se apresentar limpo e cuidado – alínea i) do artigo 8º do CEPMPL.

Além disso, tem a obrigação de participar nas actividades de limpeza, arrumação e manutenção do seu alojamento, respectivo equipamento e das instalações e equipamentos do estabelecimento prisional – alínea j) do artigo 8º do CEPMPL.

Só a violação reiterada dos apontados deveres constitui infracção disciplinar. A esporádica violação de tais deveres não constitui uma falta disciplinar; apenas reveste tal qualificação a conduta que se repete de forma sucessiva, com um certo encadeamento temporal entre cada acto.

A falta de cumprimento reiterada do primeiro dever referido implica que se considere verificada a infracção disciplinar prevista na alínea a) do artigo 103º do CEPMPL.

[41] Continua a ser habitual deparar com decisões a fundamentar a aplicação de uma sanção disciplinar em duas ou mais infracções disciplinares quando está em causa uma única conduta ou facto. É nisso que consiste a qualificação alargada, a qual é claramente violadora dos princípios que norteiam a interpretação e aplicação do direito sancionatório.

Se o recluso, de forma reiterada, não procede à limpeza, arrumação do alojamento e do equipamento aí existente, pratica a infracção prevista na alínea b) do referido artigo.

Necessita de explicitação a matéria da infracção prevista na alínea c) do artigo 103º. A referida previsão pressupõe que o recluso tenha o dever de cuidar dos equipamentos e instalações do estabelecimento prisional. O recluso só fica validamente incumbido de tal obrigação se lhe tiver sido atribuída a actividade laboral de limpeza, arrumação e manutenção de determinados equipamentos ou instalações do estabelecimento prisional[42], o que pressupõe a aceitação do recluso[43]. Tal acordo de vontades terá repercussões futuras se o recluso deixar de cumprir as suas funções[44]. Nesse caso, se reiteradamente deixar de proceder à limpeza, arrumação e manutenção de equipamentos e instalações do estabelecimento prisional, fica preenchida a previsão da alínea c).

As exigências de higiene e de limpeza alicerçam-se em razões de saúde pública[45], pretendendo-se evitar a contracção e propagação de doenças em meio prisional. Além disso, a convivência em reclusão, que é um meio comunitário de forte proximidade ao outro, implica sempre a existência de regras de coabitação, as quais pressupõem uma apresentação minimamente cuidada[46] e a contribuição de todos para o bem comum, através da

[42] V. artigos 79º, nº 5, do RGEP e 42º, nº 1, alínea b), do CEPMPL.

[43] No nosso sistema penitenciário o recluso tem o direito a participar nas actividades laborais – alínea h) do nº 1 do artigo 7º do CEPMPL – mas não tem o correlativo dever de trabalhar. Na génese dessa aparente contradição está a consideração de que o recluso não é obrigado a colaborar na execução da pena ou da medida privativa da liberdade, a qual se realiza mesmo contra a sua vontade e independentemente dela.

[44] Pela positiva, a assiduidade e o empenho do recluso nas actividades laborais são tidos em conta para efeitos de flexibilização da execução da pena de prisão – artigo 41º, nº 6, do CEPMPL.

[45] A actual situação do sistema prisional é dominada por questões relativas à sobrelotação dos estabelecimentos prisionais, à partilha de espaços habitacionais e à falta de meios económicos e materiais, o que torna ainda mais prementes as necessidades de limpeza e higiene. Acresce que a generalidade dos estabelecimentos prisionais não consegue fornecer aos reclusos produtos de higiene e limpeza em quantidades suficientes para as respectivas necessidades, tendo que se socorrer dos produtos que lhe são entregues pelos visitantes.

[46] Como é sabido, no nosso sistema de execução de penas inexiste a prisão perpétua, a duração das medidas privativas da liberdade é limitada e o objectivo é alcançar a reinserção social do recluso, enquanto cidadão que se abstém de condutas socialmente desvaliosas. Por isso, é importante que este consiga adquirir capacidade para viver transitoriamente privado da liberdade e que durante a execução da pena consiga alcançar um certo domínio sobre si

limpeza e arrumação dos espaços e equipamentos, sejam eles afectos ao uso individual ou colectivo. Como os reclusos têm de partilhar os diversos espaços, o incumprimento dos apontados deveres tornaria difícil a coabitação.

3.2. Jogos de fortuna ou azar

São jogos de fortuna ou azar aqueles cujos resultados são contingentes por dependerem exclusiva ou fundamentalmente da sorte.

Em Portugal, o direito de explorar tais jogos está reservado ao Estado, embora possa ser concessionada a sua exploração – v. Decretos-Lei nºs. 422/89, de 2 de Dezembro, e 66/2015, de 29 de Abril.

A proibição de organização e participação em jogos de fortuna ou azar assenta, também, no perigo que representam para a segurança do estabelecimento prisional pelo potencial risco de gerar desordens. Qualquer jogo que envolva dinheiro tem um potencial elevado para fomentar o surgimento de negócios paralelos e gerar desentendimentos entre reclusos.

Todo o recluso que dolosamente organizar ou participar em jogos de fortuna ou azar pratica uma infracção disciplinar simples – artigo 103º, alínea d), do CEPMPL.

3.3. Comunicações irregulares

As comunicações irregulares, ou seja, as não permitidas ou as que são feitas por meios fraudulentos, podem dar origem a uma infracção disciplinar simples ou grave, consoante esteja em causa a conduta prevista na alínea e) do artigo 103º ou na alínea a) do artigo 104º, ambos do CEPMPL.

O CEPMPL e o RGEP definem de forma exaustiva as diversas formas que podem assumir os contactos entre o recluso e o exterior do estabelecimento prisional.

Todos os contactos efectuados fora dos condicionalismos legalmente previstos são irregulares e constituem uma infracção disciplinar simples.

mesmo e as adversidades. As rotinas inerentes à realização da higiene pessoal e à limpeza do espaço que lhe está afecto constituem um factor de estruturação da vida do recluso e são um primeiro indício de capacidade de readaptação social. Se um recluso não consegue estabelecer essas rotinas básicas dificilmente se pode considerar que reúne condições mínimas de reintegração social.

No fundo, todas as comunicações com o exterior que não sejam feitas dentro das condições estabelecidas são estritamente proibidas.

Por outro lado, um recluso pode estar expressamente proibido de contactar com outros reclusos no estabelecimento prisional. Tal proibição pode resultar, por exemplo, de uma medida de coacção imposta num processo-crime, de uma pena acessória[47], da utilização de um meio especial de segurança[48] ou do cumprimento de uma medida disciplinar, designadamente de internamento em cela disciplinar.

A violação dessa proibição expressa também constitui uma infracção disciplinar simples.

Caso a comunicação irregular tenha criado um perigo para a ordem e segurança[49] do estabelecimento prisional, o recluso incorre na infracção disciplinar grave prevista na alínea a) do artigo 104º do CEPMPL.

Neste tipo de infracção grave não está em causa um perigo abstracto mas sim um perigo concreto. É necessário que esteja demonstrado que aquela comunicação criou efectivamente uma situação de risco para a ordem e segurança do estabelecimento prisional. Como é hoje uniforme no direito penal, quando esteja em causa uma situação de perigo abstracto, a lei limita-se a descrever a conduta e a presumir que o agente, ao realizá-la, expõe o bem jurídico a uma situação de risco. Nesse caso, provado que o agente praticou a conduta descrita no tipo, presume-se ter havido a situação de perigo.

Ora, se se tratasse de um perigo abstracto nunca existiriam dois tipos de infracção – uma simples e outra grave – pois da prática da conduta resultaria a presunção de que a comunicação irregular havia criado uma situação de risco para a ordem e segurança do estabelecimento prisional. Nesse caso, o tipo da alínea e) do artigo 103º do CEPMPL seria absolutamente inútil, na medida em que estaria sempre preenchido o da alínea a) do artigo 104º.

Esta distinção é muito relevante, pois na maior parte das infracções disciplinares graves exige-se a demonstração de que a conduta criou efectivamente uma situação de risco para a ordem e segurança do estabeleci-

[47] *V.g.*, proibição de contactos com a vítima, a qual pode perfeitamente ser outro recluso.

[48] V. artigo 88º, nº 3, do CEPMPL.

[49] Na prática, a distinção entre risco para a segurança e risco para a ordem é difícil de operar no meio prisional. As duas noções estão normalmente imbricadas. Um facto que põe em causa a ordem também afecta a segurança e vice-versa.

mento prisional. Quando não existam factos que permitam concluir que o referido perigo efectivamente ocorreu, a conduta só poderá ser considerada como uma infracção disciplinar simples.

3.4. Notícias ou dados falsos

A relação entre o recluso e a administração prisional deve decorrer numa base alicerçada na verdade.

Da parte do sistema prisional, a execução das penas e medidas privativas da liberdade deve ser imparcial (nº 3 do artigo 3º do CEPMPL) e respeitar os direitos e interesses jurídicos não afectados pela sentença condenatória ou decisão de aplicação de medida privativa da liberdade (nº 2 do referido artigo 3º).

Por parte do recluso, vigora o dever de observar conduta correcta para com os funcionários prisionais [alínea d) do artigo 8º do CEPMPL].

Uma das emanações do dever de correcção é a obrigação de o recluso não divulgar dolosamente notícias ou dados falsos relativos ao estabelecimento prisional, cuja violação consubstancia a prática da infracção disciplinar prevista na alínea f) do artigo 103º do CEPMPL.

Se a divulgação de informações falsas criar um perigo para a ordem e segurança do estabelecimento prisional fica preenchido o tipo da alínea b) do artigo 104º - infracção disciplinar grave.

3.5. Simulação de doença ou de situação de perigo

Ainda no âmbito do dever de correcção, consagra a lei a obrigação de o recluso não simular doença ou situação de perigo para a sua saúde ou de terceiro.

Efectuando a referida simulação culposa, o recluso pratica uma infracção disciplinar simples – artigo 103º, alínea g), do CEPMPL.

Se em consequência da simulação for necessário efectuar uma deslocação ao exterior[50] ou uma excepcional afectação de meios do estabele-

[50] Designadamente para prestar assistência médica que se vem a revelar desnecessária por inexistir a doença ou a situação de perigo para a saúde que motivou a deslocação ao exterior do estabelecimento prisional.

cimento prisional[51], deve considerar-se que o recluso praticou a infracção disciplinar grave da alínea b) do artigo 104º do CEPMPL.

São duas as situações que alicerçam o agravamento. De duas, uma: ou ocorreu uma deslocação ao exterior ou, para tentar fazer face à gravidade da situação objecto de simulação, teve de se proceder internamente, dentro do estabelecimento prisional, à afectação de meios excepcionais com a finalidade de prestar uma assistência que não era necessária.

3.6. Negócios não autorizados

Não existe uma norma a estabelecer a proibição estrita de realização de negócios com outros reclusos ou com funcionários do estabelecimento prisional.

Porém, são actos compreensivelmente condicionados devido aos problemas de ordem e segurança que podem gerar. Em ambiente prisional todos os bens, serviços e, genericamente, quaisquer utilidades disponíveis são susceptíveis de integrar um negócio, ou seja, a cedência de determinada utilidade mediante uma contrapartida. A proliferação desses negócios sem qualquer controlo tornaria o meio prisional caótico e insusceptível de assegurar a realização das finalidades da execução das penas e medidas de segurança privativas da liberdade.

Se o recluso pretender realizar negócio com outro recluso ou com funcionário do estabelecimento prisional, deve requerer autorização ao director do estabelecimento prisional.

Todos os negócios realizados com outros reclusos que não tenham sido autorizados são proibidos e, como tal, constituem um ilícito disciplinar, integrando a infracção disciplinar simples prevista na alínea h) do artigo 103º do CEPMPL.

[51] No fundo, a excepcional afectação de meios revela-se em todas aquelas situações em que para fazer face à situação criada pelo recluso o estabelecimento prisional teve de mobilizar serviços de natureza não regular. Não basta, para preencher o tipo, o mero acto de levar ou acompanhar o recluso ao médico, durante o horário normal de funcionamento dos serviços clínicos internos. É necessário, por exemplo, que tenha sido necessário chamar ao estabelecimento prisional médico ou enfermeiro para prestar a reclamada assistência. Do mesmo modo, se tiver sido chamado um reforço do serviço de vigilância para fazer face à situação de alegada urgência também se deve considerar que o tipo da infracção grave está preenchido. Tais factos concretizadores da mobilização de meios excepcionais têm necessariamente que resultar da instrução do processo disciplinar e constar da decisão disciplinar.

Caso o negócio tenha sido realizado com um funcionário do estabelecimento prisional, independentemente do valor económico envolvido, a infracção disciplinar passa a ser grave – artigo 104º, alínea d), do CEPMPL. O mesmo sucede com o negócio não autorizado de valor económico elevado realizado com outros reclusos, sendo que é essa graduação, em termos de relevância do valor, que justifica a agravação.

Na definição do que é "valor elevado" recorre-se ao disposto na alínea a) do artigo 202º do Código Penal, sendo como tal considerado o valor que exceder cinquenta unidades de conta[52] avaliadas no momento da prática do facto.

3.7. Tráfico ou detenção de objectos ou produtos proibidos não estupefacientes

Os objectos podem ser proibidos em duas situações, consoante a fonte da interdição:

a) Objectos, produtos e valores proibidos por lei geral;
b) Objectos, produtos e valores proibidos pelo CEPMPL e o RGEP.

Os segundos são bens lícitos em liberdade mas proibidos em reclusão.

Se já existir uma lei a interditar a sua detenção, independentemente de o detentor estar ou não privado da liberdade, nem sequer se coloca a questão da autorização da sua detenção em meio prisional.

[52] A este propósito são actualmente relevantes os artigos 22º do Decreto-Lei nº 34/2008 e 5º do Regulamento das Custas Processuais. Até à entrada em vigor do Decreto-Lei nº 34/2008, de 26 de Fevereiro, a unidade de conta era calculada segundo as regras contidas nos artigos 5º e 6º do Decreto-Lei nº 212/89, de 30 de Junho, alterado pelo Decreto-Lei nº 323/2001, de 17 de Dezembro, e era actualizada trienalmente, com base na retribuição mínima mensal mais elevada, garantida, no momento da condenação, aos trabalhadores por conta de outrem. Estas disposições foram revogadas pela alínea f) do nº 2 do artigo 25º do Decreto-Lei nº 34/2008, de 26 de Fevereiro, diploma que assumiu diferentes regras de fixação e actualização da unidade de conta, clarificadas com as alterações emergentes do Decreto-Lei nº 181/2008, de 28 de Agosto. A unidade de conta corresponde agora ao valor correspondente a ¼ do valor do Indexante dos Apoios Sociais (IAS), vigente em Dezembro do ano anterior, arredondado à unidade de euro, sendo actualizada anualmente com base na taxa de actualização do IAS. Actualmente, e desde 20 de Abril de 2009 (devido à sucessiva suspensão da actualização do IAS), a unidade de conta tem o valor de € 102,00.

É compreensível que o recluso não possa ter consigo todos os objectos, produtos ou valores que queira e que as leis penitenciárias estabeleçam fortes restrições à posse de tais bens.

Assim, diferentemente do que sucede com quem se encontra em liberdade, o recluso apenas pode ter em seu poder os objectos e valores permitidos – artigo 28º, nº 1, do CEPMPL.

Nos termos do nº 6 do artigo 26º do CEPMPL, o recluso pode manter consigo objectos a que atribua particular valor afectivo, de uso pessoal e para sua vida diária, devidamente registados, que pelo seu valor e utilização não comprometam a ordem, a segurança e a disciplina do estabelecimento prisional.

Tal disposição está concretizada no artigo 37º do RGEP[53], onde se descriminam os concretos objectos e produtos que o recluso está autorizado a ter consigo.

Enfatiza-se que é necessário o registo de todos os bens admissíveis em meio prisional. Os bens que não se encontrem registados, mesmo que em abstracto a sua posse seja admissível, não podem estar em poder do recluso.

Todos os objectos, produtos e valores que o recluso não esteja autorizado a ter consigo constituem bens proibidos e devem ser apreendidos - artigo 28º, nº 3, do CEPMPL. Consoante o tipo de bem, podem ser destruídos, ser devolvidos a terceiro indicado pelo recluso, depositados e entregues no momento da libertação ou declarados perdidos a favor do Estado pelo tribunal de execução das penas.

Pratica a infracção disciplinar simples prevista na alínea i) do artigo 103º do CEPMPL quem introduzir, produzir, fabricar, fazer sair, distribuir, transaccionar, ter em seu poder ou guardar no estabelecimento prisional objectos proibidos ou organizar essas actividades.

Se com a prática de qualquer desses actos o recluso tiver criado perigo para a ordem e segurança do estabelecimento prisional passa a estar em causa uma infracção disciplinar grave – alínea i) do artigo 104º do CEPMPL.

A formulação das duas disposições é propositadamente ampla, por pretender cobrir todos os actos voluntários que o recluso possa assumir relativamente a um objecto proibido, desde a simples detenção até à posse

[53] V. ainda as disposições especiais para reclusos em regime aberto – artigo 185º -, em regime de segurança – artigo 198º - e os que têm filhos menores consigo – artigo 245º.

inerente ao exercício do direito de propriedade, passando por todas as situações intermédias.

Tais disposições pretendem em primeiro lugar impedir a introdução de objectos proibidos dentro do estabelecimento prisional. Apesar disso, verifica-se uma grande permeabilidade à introdução de bens vindos do exterior[54].

Alguns dos objectos são objectivamente perigosos[55], pelo que é imperioso prevenir a concretização de riscos para as pessoas e a segurança dentro do estabelecimento prisional. Outros objectos não são intrinsecamente perigosos, mas a sua utilização pode representar um perigo não menor. É o caso dos telemóveis[56], que em si não representam um objecto perigoso, mas que em contexto prisional podem servir para a preparação de actos inerentes à prática de crimes, de evasões e de ataques contra o estabelecimento prisional ou as pessoas que aí trabalham ou que se encontram recluídas.

Em segundo lugar, pretende-se evitar que os objectos, produtos e valores proibidos sejam uma fonte de tráfico dentro do meio prisional, com todas as consequências que lhe estão associadas, como sejam a subordinação de reclusos a outros reclusos e a violência.

3.8. Tráfico ou detenção de estupefacientes, álcool e substâncias tóxicas

Pratica a infracção disciplinar grave prevista na alínea j) do artigo 104º do CEPMPL o recluso que detiver, possuir, introduzir, produzir, fabricar, distribuir ou transaccionar no estabelecimento prisional estupefacientes ou qualquer outra substância tóxica[57], fármacos não prescritos ou bebidas alcoólicas não autorizadas ou organizar essas actividades.

Na base deste ilícito disciplinar está desde logo um problema sanitário, de saúde pública. Todos os mencionados produtos podem produzir danos

[54] A introdução ilícita de objectos no estabelecimento prisional é concretizada, regra geral, através de visitas, de funcionários, do arremesso para dentro do recinto e de transporte no corpo ou nas roupas pelo recluso que se deslocou ao exterior no âmbito de licença de saída ou qualquer diligência externa. Embora até agora não existam registos de tal utilização, não é difícil de prever que no futuro a introdução também seja feita através de *drones*.

[55] Por exemplo, é fundamental para o sistema prisional impedir a penetração de armas – ou objectos que possam funcionar na prática como tal - dentro dos estabelecimentos prisionais.

[56] Os telemóveis são dos objectos mais apreendidos nos estabelecimentos prisionais portugueses. Durante o ano de 2015 foram apreendidos 1756 telemóveis.

[57] Incluem-se nesta categoria os produtos de substituição de estupefacientes, os produtos psicotrópicos e todas as outras substâncias susceptíveis de perturbar o comportamento da pessoa.

na saúde dos reclusos. Sendo isso evidente no consumo de estupefacientes, o certo é que mesmo um fármaco não prescrito, se ingerido fora de um contexto de controlo terapêutico, pode causar danos irremediáveis na saúde de quem o toma.

Depois, o consumo dos aludidos produtos, devido às alterações no comportamento que é susceptível de gerar, causa problemas de ordem interna do estabelecimento prisional, sendo muito elevado o potencial para perturbar a respectiva segurança, ordem e disciplina.

Acresce que à volta do consumo desses produtos gravitam um conjunto de fenómenos que tornam muito difícil a convivência pacífica e saudável em ambiente prisional. O mais grave desses fenómenos é o tráfico desses produtos, em especial de estupefacientes.

O problema contemporâneo mais grave com que se depara o sistema prisional é o tráfico e consumo de estupefacientes, o qual atinge níveis que se podem qualificar de alarmantes. Tal fenómeno subverte, para os reclusos directa ou indirectamente envolvidos, as finalidades que presidem à execução das penas. Uma parte muito significativa dos reclusos está presa por crimes que são consequência, meio ou causa do consumo e tráfico de estupefacientes e verifica-se em reclusão como que uma continuidade daquilo que se passava no exterior, com a agravante de arrastarem para esse meio alguns reclusos sem ligações anteriores a essas problemáticas.

3.9. Destruição ou danificação de bens de terceiros

Pratica a infracção disciplinar simples prevista na alínea j) do artigo 103º do CEPMPL o recluso que destruir, danificar, desfigurar ou tornar não utilizáveis dolosamente bens de reduzido valor do estabelecimento prisional, de funcionários prisionais, dos demais reclusos ou de terceiros.

O legislador utilizou a mesma terminologia constante do artigo 212º do Código Penal, relativo ao crime de dano, pelo que são válidas as uniformes aquisições doutrinárias e jurisprudenciais relativas aos conceitos de destruição, danificação, desfiguração ou tornar não utilizável.

A destruição implica que o bem, necessariamente uma coisa[58], deixe de manter a sua individualidade, mesmo que não desapareça a matéria de que

[58] A definição consta do artigo 202º, nº 1, do Código Civil. As coisas podem ser imóveis ou móveis – artigo 203º do mesmo Código.

é composta. A danificação consiste na imposição de um estrago substancial à coisa, daí resultando uma diminuição do seu valor económico ou da sua utilidade específica. Desfigurar consiste em afectar definitivamente a estética do bem. Tornar não utilizável uma coisa relaciona-se sempre com o fim a que o bem se destina, consistindo em torná-lo inadequado para o seu fim.

À semelhança do que consta da alínea c) do artigo 202º do Código Penal, quanto à definição do equivalente "valor diminuto", deve-se considerar como de "reduzido valor" o bem que não excede o valor correspondente a uma unidade de conta avaliada no momento da prática do facto.

Apenas é relevante a conduta dolosa, pois o dolo integra o tipo da infracção disciplinar simples.

Diferentemente, para integrar a infracção disciplinar grave da alínea g) do artigo 104º do CEPMPL, já é suficiente a negligência grosseira, ou seja, quando o agente assume uma conduta de manifesta irreflexão ou ligeireza, ou a falta das precauções exigidas pela mais elementar prudência. Neste tipo de negligência, que se contrapõe à simples, é necessário que ocorra a violação de um dever de cuidado que qualquer pessoa razoavelmente respeitaria, o que traduz, do ponto de vista da culpa, uma atitude de leviandade grave para com os valores do direito.

Essa é a primeira diferença, mas não a única: para integrar o tipo da infracção disciplinar grave é ainda indispensável que o prejuízo causado com o dano seja de valor económico significativo, ou, independentemente do prejuízo causado, que crie perigo para a ordem e segurança do estabelecimento prisional[59].

Não é fornecida qualquer definição do que se deve entender por "valor económico significativo". Como para a infracção disciplinar simples é relevante um valor não excedente a uma unidade de conta, deve-se considerar, para não existirem hiatos no âmbito de aplicação entre as duas normas, que o prejuízo tem um valor económico significativo quando é superior a uma unidade de conta.

[59] É o caso do dano causado por um recluso ao portão de entrada do estabelecimento prisional, que fica temporariamente impedido de fechar, independentemente de o seu arranjo implicar o dispêndio de um valor diminuto, ou seja, não superior a uma unidade de conta. Também cria um perigo para a ordem e segurança do estabelecimento prisional o acto de arrancar uma câmara de vigilância.

3.10. Insultar, ofender ou difamar

Os actos de insultar, ofender ou difamar uma pessoa podem integrar quatro tipos de infracção disciplinar, duas simples e duas graves.

Em rigor, era perfeitamente possível – e conveniente - reunir a previsão dessas condutas em duas normas, uma infracção disciplinar simples e uma outra grave. Na primeira estariam previstos os actos de insultar, ofender ou difamar pessoa[60] no estabelecimento prisional ou durante saída custodiada. Na segunda só se acrescentaria a forma pública e notória.

Não existe qualquer razão substancial para subdividir a infracção disciplinar simples de insultar, ofender ou difamar consoante o ofendido seja funcionário prisional no exercício das suas funções ou por causa delas – alínea m) do artigo 103º do CEPMPL - ou outro recluso ou um terceiro no estabelecimento prisional ou durante saída custodiada[61] – alínea l) do mesmo artigo.

O mesmo sucede com as alíneas e) e f) do artigo 104º do CEPMPL, em que a autonomia se alicerça apenas na diferente qualidade do ofendido, ou seja, se é funcionário prisional ou não.

O que qualifica a infracção disciplinar como grave é o acto de insultar, ofender ou difamar ocorrer de forma pública e notória.

O acto é público se ocorrer na presença de duas ou mais pessoas e num local de utilização comum[62]. A forma notória respeita à exteriorização e perceptibilidade do acto. Para ser notório, o acto ofensivo tem de ser expresso de uma maneira que o torna apto a ser conhecido pelas pessoas presentes e que efectivamente seja claramente perceptível para as mesmas.

A difamação é sempre dirigida a terceiro, que não o visado, e envolve a imputação a outra pessoa de um facto ou a formulação sobre ela de um juízo, ofensivos da sua honra e consideração, podendo ainda consistir na reprodução de uma tal imputação. No fundo, a difamação é a atribuição a alguém de facto ou conduta que sejam ofensivos da reputação do visado.

[60] Que podia ser recluso, funcionário prisional ou um terceiro.

[61] As saídas custodiadas são as previstas nos artigos 76º, nº 4, 81º e 82º do CEPMPL. São "custodiadas" por durante o período da saída do estabelecimento prisional o recluso estar sempre acompanhado de elementos dos serviços de vigilância e segurança – v. artigo 140º, nºs 2 e 3, do RGEP.

[62] Um local que não se destina a uma utilização individual ou reservada; no fundo, um local público, no sentido de ser frequentado por várias pessoas.

Insultar e ofender são quase sinónimos. O insulto traduz-se em dirigir uma palavra ao visado ou assumir perante ele uma atitude que ofende. Ofender é magoar, injuriar ou insultar determinada pessoa. Seria preferível que o legislador tivesse usado apenas a expressão injuriar, pois a injúria está desde há muito suficientemente definida e delimitada no direito, e abarca tanto o insulto como a ofensa.

Tanto o insulto como a ofensa são actos endereçados ao próprio ofendido – ao contrário do que sucede na difamação – e na sua presença. O recluso dirige ao ofendido palavra, acto corporal ou atitude, ou imputa-lhe factos, mesmo sob a forma de suspeita, ofensivos da sua honra e consideração.

Sendo o meio prisional, sobretudo no sector masculino, tradicionalmente marcado pela utilização do calão e do vernáculo, é muito importante ter a noção de que o carácter ofensivo ou insultuoso das palavras e actos depende muito do ambiente e circunstancialismo em que ocorre, pelo que só caso a caso se consegue afirmar se foi ou não afectada a dignidade individual do cidadão visado. Ser indelicado ou pouco cortês no relacionamento interpessoal não consubstancia a prática de nenhuma das quatro infracções disciplinares, mas apenas falta de educação e essa não constitui ilícito disciplinar.

3.11. Resistir ou desobedecer

Os reclusos, tal como todos os cidadãos, têm o dever de obedecer a ordens legítimas, regularmente comunicadas e emanadas de autoridade ou funcionário competente.

A ordem é a imposição de uma obrigação a determinada pessoa no sentido de praticar ou deixar de praticar certo facto.

Essa ordem deve ser legítima, ou seja, tem de alicerçar-se em disposição legal que autoriza a sua emissão.

Além disso, o emitente deve ter a qualidade de funcionário e encontrar-se no exercício das suas funções. Significa isto que o emitente deve estar, na altura do acto, dotado de poder de autoridade para emitir a ordem. A conduta, activa ou omissiva, que pretende impor deve caber na esfera das suas atribuições e corresponder ao exercício efectivo das mesmas.

Finalmente, a ordem deve ser transmitida ao destinatário de uma forma que lhe permita ter conhecimento, claro e efectivo, da conduta que lhe é exigida.

Se a ordem não revestir as apontadas características o destinatário não lhe deve obediência, assistindo-lhe o direito de resistência, nos termos do artigo 21º da Constituição da República Portuguesa[63]. Por exemplo, se a obediência à ordem implicar a prática de um crime, o visado pode resistir-lhe.

Para um recluso, esteja no estabelecimento prisional ou fora dele, durante saída autorizada[64], resistir a ordens legítimas dos funcionários no exercício das suas funções consubstancia a prática da infracção disciplinar simples prevista na alínea n) do artigo 103º do CEPMPL.

Por sua vez, desobedecer a ordens do mesmo género, no estabelecimento prisional ou durante saída autorizada, constitui a infracção disciplinar simples da alínea p) do artigo 103º do CEPMPL. Nesta última disposição prevê-se ainda o acto de não cumprir, ou de cumprir com injustificado atraso, os deveres impostos, nos termos legais ou regulamentares, seja durante a permanência no estabelecimento prisional ou no decurso de uma saída autorizada.

Para uma correcta subsunção é imperioso distinguir entre resistir e desobedecer.

Desobedecer é não cumprir ou, na linguagem do artigo 348º, nº 1, do Código Penal, faltar à obediência devida a ordem. No fundo, o recluso não respeita a ordem que lhe foi regularmente comunicada por funcionário prisional no exercício das suas funções.

Resistir a uma ordem é algo mais do que desobedecer. Implica uma actuação duradoura ou uma reacção activa à ordem. Não se basta com o não cumprir, é necessário que exista uma posição reiterada de falta de cumprimento da ordem e da insistência que é feita pelo funcionário no sentido do seu cumprimento. Mas resistir pode também consistir na adopção de uma

[63] «Todos têm o direito de resistir a qualquer ordem que ofenda os seus direitos, liberdades e garantias e de repelir pela força qualquer agressão, quando não seja possível recorrer à autoridade pública.».

[64] O conceito de "saída autorizada" não é isento de dúvidas. Se exceptuarmos o caso óbvio da evasão, todas as saídas de reclusos do estabelecimento prisional carecem de autorização. As licenças de saída jurisdicional carecem de "autorização" do juiz de execução das penas e as licenças de saída administrativa, consoantes os casos, do director do estabelecimento prisional ou do director-geral de reinserção e serviços prisionais. Como nos artigos 103º e 104º se alude também a saída custodiada e esta tem um sentido preciso, deve-se entender que ao referir-se a saída autorizada o legislador pretendeu referir-se a uma categoria ampla, que abrange tanto as saídas custodiadas como as não custodiadas.

conduta activa de reacção à ordem que, pelos termos em que é firmada, não deixa margem para dúvidas de que a ordem nunca será cumprida.

Em todo o caso é quase irrelevante a distinção, pois o legislador equipara as duas condutas: tanto a resistência como a desobediência constituem infracções disciplinares simples. A distinção só releva para efeitos de correcta subsunção ao tipo legal respectivo. Apesar disso, não deixa de se sublinhar que a resistência é um comportamento mais grave do que a mera desobediência.

Nos termos da alínea h) do artigo 104º do CEPMPL, a infracção disciplinar passa a ser grave caso a desobediência, a ordem legítima de funcionário no exercício das suas funções, assuma uma de duas formas:

a) Resistência com violência;

b) Desobediência de forma pública e notória.

A resistência relevante para efeitos de qualificação da infracção como grave é aquela que é acompanhada do uso de violência, física ou moral. A violência física há-de consistir num acto de força sobre o corpo do funcionário. A violência moral tem de revestir a forma de ameaça grave[65], ou seja, ser apta a criar no espírito do funcionário o receio de concretização de um mal grave, no fundo incutir medo.

Sobre a forma pública e notória da desobediência valem as considerações feitas em 3.10. A desobediência tem de ocorrer na presença de duas ou mais pessoas, num local de utilização comum e de ser perceptível para as pessoas presentes.

Carece de esclarecimento o que se deve entender por «não cumprir, ou cumprir com injustificado atraso, os deveres impostos, nos termos legais ou regulamentares».

Não está em causa uma desobediência neste segmento da norma, pois não tem subjacente o desrespeito a uma ordem. A conduta ilícita traduz-se no incumprimento de deveres ou no seu cumprimento após injustificado atraso.

Mas que deveres são estes?

São os deveres impostos aos reclusos no CEPMPL e no RGEP. Tais deveres constam do artigo 8º do CEPMPL, na parte em que a respectiva violação não está já autonomizada como infracção disciplinar[66], e noutras

[65] *Vis compulsiva.*

[66] É o que sucede, por exemplo, com o dever de "apresentar-se limpo e cuidado", constante da alínea i) do artigo 8º do CEPMPL, cujo incumprimento reiterado constitui a infracção

disposições dos dois referidos diplomas[67], deveres esses que incumbe aos reclusos observar. A violação desses deveres integra o tipo da infracção disciplinar prevista na alínea p) do artigo 103º do CEPMPL.

Caso o não cumprimento, ou o cumprimento com injustificado atraso, dos deveres impostos ou as ordens legítimas dos funcionários, no exercício das suas funções, no estabelecimento prisional ou durante saída autorizada, crie perigo para a ordem e segurança do estabelecimento prisional, o recluso incorre na infracção disciplinar prevista na alínea q) do artigo 104º do CEPMPL.

3.12. Prática, no estabelecimento prisional ou durante saída custodiada, de facto previsto na lei como crime

Consoante o crime seja público – assim se qualificando quando o respectivo procedimento não dependa de queixa ou de acusação particular - ou não, a prática de "qualquer outro facto previsto na lei como crime", constituirá a infracção disciplinar grave prevista na alínea p) do artigo 104º do CEPMPL ou a infracção disciplinar simples da alínea o) do artigo 103º do mesmo Código.

A referida distinção assenta na pressuposta maior gravidade dos crimes cujo procedimento não depende de queixa ou de acusação particular. Se o procedimento pelo crime depender de queixa ou de acusação particular, a infracção disciplinar praticada é simples.

disciplinar prevista na alínea a) do artigo 103º do referido Código.

[67] Por exemplo, se o recluso estabelecer contacto não autorizado com órgão de comunicação social – artigo 75º do CEPMPL –, inobservância de condição fixada para a licença de saída (por exemplo, a proibição de contactar com a vítima de crime sexual) – artigo 78º, nº 3, do CEPMPL -, colocar cortinas na porta para ocultar o espaço de alojamento ou dificultar a sua visibilidade a partir do exterior – artigo 34º, nº 9, do RGEP –, ausência sem autorização do espaço de alojamento ou entrada no alojamento de outro recluso – artigo 35º, nº 1, do RGEP –, uso de objectos e equipamentos causadores de ruído significativo a partir da hora de silêncio – artigo 37º, nº 8, do RGEP -, fumar nas celas não destinadas a fumadores ou fora dos espaços destinados a esse fim – artigo 41º, nº 1, do RGEP –, ter consigo vestuário e calçado de tipo não permitido por despacho do director-geral – artigo 42º, nº 1, do RGEP –, ter consigo produtos de higiene não permitidos por despacho do director-geral –, falta de devolução da roupa de cama e banho no momento da transferência – artigo 44º, nº 3, do RGEP –, utilização de roupa de cama e de banho indevidamente proveniente do exterior – artigo 44º, nº 4, do RGEP –, confecção de alimentos pelo recluso no espaço de alojamento – artigo 45º, nº 5, do RGEP –, levar para o refeitório alimentos ou bebidas – artigo 47º, nº 2, do RGEP, etc.

A aplicação das duas disposições tem suscitado algumas objecções práticas, pelo que importa aqui traçar algumas linhas de interpretação para uma correcta subsunção.

A primeira dificuldade resulta do facto de a lei aludir a "crime", quando só assim se pode qualificar o comportamento como tal declarado por tribunal judicial em sentença transitada em julgado.

Em rigor, isso não constitui qualquer obstáculo. Não se exige a qualificação como crime, mas apenas que tenha sido praticado facto previsto na lei como crime, o que é realidade diferente[68]. Os serviços prisionais, no âmbito do procedimento disciplinar, não vão declarar que o recluso cometeu um crime, mas apenas que praticou factos integradores do respectivo tipo. É uma forma objectiva de alicerçar o desvalor da conduta disciplinarmente relevante, pois o juízo sobre o ilícito disciplinar assenta na valoração ético-jurídica dos factos integradores do tipo de crime.

A segunda objecção que é habitualmente apontada respeita à possibilidade de no âmbito do processo-crime o recluso não chegar a ser acusado ou de vir a ser absolvido. No nosso ordenamento jurídico é claramente dominante a concepção da autonomia do direito disciplinar face ao direito penal. Conforme se salienta no acórdão do Supremo Tribunal Administrativo de 12.12.2002, proferido no recurso nº 326/2002[69], «o procedimento disciplinar é independente do procedimento penal, tendo cada um deles objectivos e pressupostos não coincidentes: natureza da infracção, fins da punição, autoridade que decide, consistência da prova e outros.» No mesmo sentido aponta o acórdão do Tribunal Constitucional nº 59/95, de 10.03.1995[70], ao considerar que «é, de um modo geral, considerado como ponto assente e inquestionado a autonomia do direito e processo disciplinar relativamente ao direito e processo penais, considerando que visam a tutela de interesses ou bens jurídicos distintos, assumindo as sanções impostas num ou noutro ramo do ordenamento jurídico âmbito e natureza diversas. Na verdade, o direito disciplinar não tutela – ao contrário do direito penal – interesses gerais e fundamentais da comunidade».

Sendo certo que lhe são aplicáveis os mesmos princípios constitucionais estruturantes, a proximidade do direito disciplinar penitenciário ao

[68] Não redunda no apuramento da responsabilidade criminal, a qual far-se-á no processo-crime, se for caso disso.

[69] Acessível em http://www.dgsi.pt/jsta.nsf/

[70] Publicado no Diário da República, série I-A, de 10.03.1995.

direito penal, que é hoje indiscutível e salutar, não nos deve levar a concluir que existe uma identidade total entre as qualificações disciplinares e penais. A coexistência do desvalor jurídico-disciplinar e do desvalor jurídico-penal relativamente a certas condutas do recluso não significa que o processo disciplinar não possa apreciar tais condutas com vista a determinar se lhe deve ou não ser aplicada uma sanção disciplinar[71]. Partindo da coexistência do aludido desvalor, tudo o mais é diferente: os procedimentos, as exigências, os bens jurídicos que se pretendem tutelar[72], a natureza da infracção, a natureza da sanção, os fins da sanção, a entidade que decide e os próprios efeitos e repercussões da medida disciplinar. A justiça disciplinar tem exigências próprias e deve necessariamente ser célere e pronta, pelo que a sua aplicação não se compadece com os tempos da justiça penal, que são completamente diferentes. Por exemplo, o facto de um recluso matar outro no estabelecimento prisional ou durante saída custodiada nunca poderia ser ignorado em termos disciplinares, sob pena de a ausência de procedimento disciplinar se tornar incompreensível para os outros reclusos e de pôr em causa a ordem, segurança e disciplina do estabelecimento prisional. Um tal comportamento atenta contra o direito à vida mas também contra a convivência pacífica e em segurança no estabelecimento prisional que é exigível por todos os reclusos.

3.13. Utilização de violência

O recluso que «ameaçar, coagir, agredir ou constranger a acto sexual outro recluso, funcionário prisional ou terceiro, no estabelecimento prisional ou durante saída custodiada» pratica uma infracção disciplinar grave – artigo 104º, alínea m), do CEPMPL.

O que está na base deste ilícito disciplinar é o recurso à violência, a qual pode ser física, moral ou sexual, por parte de um recluso contra outras pessoas, seja durante a permanência no estabelecimento prisional ou no decurso de uma saída sob custódia.

Para a concretização dos conceitos de ameaça, coacção, agressão ou de constrangimento à prática de acto sexual devemos recorrer aos pre-

[71] Não implica a punição do recluso a título penal, mas apenas disciplinar; tanto a conduta como a medida disciplinar apenas relevam para os restritos efeitos disciplinares.

[72] Os bens jurídicos tutelados não são inteiramente coincidentes.

ceitos equivalentes constantes do Código Penal, atenta a aproximação do direito disciplinar penitenciário ao direito penal, cujos conceitos lhe servem de referência.

Assim, ameaçar é anunciar a uma pessoa a intenção de lhe causar um mal futuro que constitua crime, de forma adequada a provocar-lhe medo ou inquietação ou a prejudicar a sua liberdade[73].

Coagir é constranger, por meio de violência ou de ameaça com mal importante, outra pessoa a uma acção ou omissão, ou a suportar uma actividade[74].

Agredir é ofender o corpo ou a saúde de outra pessoa[75].

Constranger outra pessoa a acto sexual consiste em obrigá-la, por meio de violência ou ameaça grave, ou depois de, para esse fim, a ter tornado inconsciente ou posto na impossibilidade de resistir, a sofrer ou a praticar, consigo ou com outrem, acto sexual de relevo, cópula, coito anal, coito oral ou introdução vaginal ou anal de partes do corpo ou objectos[76].

As mencionadas condutas só constituem este ilícito disciplinar se forem praticadas no estabelecimento prisional ou durante saída custodiada[77].

3.14. Intimidação de outros reclusos

Prevê a alínea l) do artigo 104º do CEPMPL uma infracção disciplinar grave consistente em o recluso intimidar ou estabelecer relação de poder ou de autoridade sobre outros reclusos.

A intimidação compreende todos os actos destinados a provocar ilegitimamente[78] receio ou inquietação no recluso com a finalidade de o constranger a praticar ou a deixar de praticar certo facto[79]. A intimidação pode

[73] V. artigo 153º, nº 1, do Código Penal.

[74] V. artigo 154º, nº 1, do Código Penal.

[75] V. artigo 143º, nº 1, do Código Penal.

[76] V. artigos 163º e 164º do Código Penal.

[77] O conceito de saída custodiada foi explicitado em nota de rodapé em 3.10.

[78] O acto pode ser legítimo e nesse caso não se pode falar em intimidação relevante disciplinarmente. É o caso do recluso que vê um segundo recluso a preparar-se para agredir um terceiro e intervém ameaçando-o com um mal se concretizar a agressão.

[79] Embora o normal seja a intimidação visar determinada conduta activa ou omissiva do visado, são concebíveis situações em que a intimidação não pretenda alcançar determinado resultado concreto. No caso em apreciação a intimidação relevante tem sempre um objectivo, que se explícita no texto.

ser concretizada através de ameaça, explícita ou implícita, coacção, utilização da força ou qualquer outro acto ou atitude hostil.

Importa delimitar o âmbito de aplicação da intimidação face à punição autónoma da ameaça e coacção constante da alínea m) do artigo 104º do CEPMPL. Como já se viu, a intimidação pode ser feita, além do mais, através de ameaça ou coacção.

Ora, para a intimidação ser sancionada disciplinarmente de forma autónoma será necessário que o fim da intimidação seja o estabelecimento de relação de poder ou de autoridade sobre outros reclusos. Se a ameaça ou coacção não visa essa finalidade deverá ser punida nos termos da alínea m) do artigo 104º.

É dever do recluso observar conduta correcta para com os demais reclusos, não podendo, em caso algum, ocupar posição que lhe permita exercer qualquer tipo de poder ou coacção sobre estes – alínea e) do artigo 8º do CEPMPL.

Apesar do princípio da igualdade proclamado no artigo 13º da Constituição da República Portuguesa, a verdade é que a sociedade em geral é bastante estratificada e, além disso, facilmente se verifica a existência de diversas relações de poder de umas pessoas em relação a outras. Veja-se por exemplo o dever de obediência do trabalhador a ordens e instruções do empregador.

Em reclusão, todas essas convenções sociais e relações de poder ou de autoridade entre particulares não produzem qualquer vinculação e consideram-se inexistentes. Mais, é expressamente proibido um recluso exercer qualquer tipo de poder sobre outro recluso, podendo dizer-se que em reclusão os reclusos detêm uma posição jurídica de verdadeira igualdade entre si. Se dois reclusos eram em liberdade patrão e empregado, em reclusão são somente dois reclusos e o primeiro não pode invocar ou exercer qualquer poder sobre o segundo. Também em reclusão não é lícito estabelecer uma relação de emprego ou de prestação de serviços, sem prejuízo do dever de entreajuda que deve prevalecer entre quem se encontra preso.

Nos séculos dezoito e dezanove, existia nas cadeias a figura do "*juiz da prisão*"[80]. O carcereiro dispunha de empregados, que eram presos e serviam nas funções de *juiz*, escrivão, barbeiro, varredor e muxingueiro. O juiz da prisão era em regra um recluso com compleição física suficiente

[80] V. Regulamento Provisório da Polícia das Cadeias, de 16.01.1843.

para impor a disciplina na prisão e que constituía a peça fundamental do regime então estabelecido.

Actualmente, inexiste semelhante figura e pretende-se precisamente que não exista qualquer recluso com poderes de autoridade sobre outros reclusos.

O estabelecimento de relação de poder ou de autoridade sobre os outros reclusos é uma conduta grave e que deve ser objecto de reacção pronta da administração prisional, através tanto do procedimento disciplinar como de outras medidas, entre as quais avulta a transferência. Regra geral, sem prejuízo de casos esporádicos de submissão, insere-se no âmbito de actividades criminosas, como o tráfico de estupefacientes e de objectos, e a extorsão. Existe um aproveitamento de outros reclusos, sobretudo dos mais frágeis e dos que têm problemáticas aditivas, representando um atentado à dignidade da pessoa humana.

3.15. Evasão e tirada de presos

Recai sobre o recluso o dever, que é o primeiro de todos os demais, de permanecer ininterruptamente no estabelecimento prisional até ao momento da libertação, salvaguardados os casos de autorização de saída – alínea a) do artigo 8º do CEPMPL.

Sendo assim, compreende-se que constitua infracção disciplinar grave o facto de o recluso tentar evadir-se, evadir-se, promover ou participar em tirada de recluso – alínea n) do artigo 104º do CEPMPL.

Este é um dos casos em que a tentativa é punível.

Em termos de delimitação negativa, não constitui este ilícito disciplinar a ausência ilegítima do recluso do estabelecimento prisional. Se o recluso não regressar ao estabelecimento prisional no termo de uma autorização de saída, momento em que fica em situação de ausência ilegítima, poderá incorrer na infracção disciplinar prevista na alínea p) do artigo 103º ou, se criar deste modo perigo para a ordem e segurança do estabelecimento[81], na alínea q) do artigo 104º.

[81] Situação que só ocorrerá em situações excepcionais, pois normalmente a ausência ilegítima não tem qualquer consequência para a ordem e segurança do estabelecimento prisional.

Evadir-se[82] é subtrair-se à execução da pena ou medida privativa da liberdade através da saída não autorizada do estabelecimento onde decorre a privação legal da liberdade ou do lugar onde desenvolvia actividades complementares daquela[83].

A tirada de presos encontra-se prevista no artigo 349º do Código Penal e pode assumir duas formas:

a) Por meio de violência, ameaça ou artifício, libertar pessoa legalmente privada da liberdade;
b) Instigar, promover ou, por qualquer forma, auxiliar a evasão de pessoa legalmente privada da liberdade.

A violência é no caso exclusivamente um acto de força física[84], dirigido contra pessoa ou coisa.

O artifício é um expediente fraudulento utilizado com a finalidade de enganar um terceiro, que no caso será em princípio um funcionário prisional, com a finalidade de conseguir a libertação de outro recluso.

Ao referir-se a "promover ou participar", o legislador quis reforçar que o desenvolvimento de qualquer acto com vista à tirada de recluso basta para o preenchimento deste ilícito disciplinar, desde a liderança do processo até à prática de actos materiais de auxílio à tirada do recluso.

3.16. Motim, insubordinação e rebelião

Finalmente, vamos abordar os atentados à autoridade, à segurança e à ordem referidos na alínea o) do artigo 104º do CEPMPL, que constituem uma infracção disciplinar grave.

[82] V. artigo 352º, nº 1, do Código Penal.

[83] Os reclusos em regime aberto no interior podem, nos termos da alínea a) do nº 3 do artigo 12º do CEPMPL, desenvolver actividades nas imediações do estabelecimento prisional, sendo que o abandono dessa zona, com intenção se subtrair à execução da pena, é uma evasão. Nos termos da alínea b) do aludido preceito, os reclusos em regime aberto no exterior desenvolvem actividades em meio livre e só regressam ao estabelecimento prisional no final da jornada; a ausência desses reclusos do local onde devem exercer actividade, com a finalidade de se subtraírem à execução da pena, constitui igualmente uma evasão.

[84] A violência moral consta da previsão do tipo da tirada de presos sob a forma de ameaça.

No fundo, esses atentados podem assumir duas formas:

a) Motim;
b) Acto colectivo de insubordinação ou de desobediência às ordens legítimas dos funcionários no exercício das suas funções.

São sempre acções colectivas cometidas por reclusos, o que exige a participação de uma pluralidade superior a dois.

Representam um risco para a segurança e ordem do estabelecimento prisional e põem em causa a autoridade dos serviços prisionais. É essa a razão em que assenta a previsão deste ilícito disciplinar.

Não consta do Código Penal, designadamente do seu artigo 354º, qualquer definição de motim. Apesar disso, pode considerar-se o motim como um movimento tumultuoso de várias pessoas legalmente privadas da liberdade e que, através da concentração de forças, pretendem alcançar uma das seguintes finalidades:

a) Atacarem funcionário legalmente encarregado da sua guarda, tratamento ou vigilância;
b) Constrangerem tal funcionário, por meio de violência ou ameaça de violência, a praticar acto ou a abster-se de o praticar;
c) Promoverem a sua evasão ou a evasão de terceiro.

A congregação de forças tem de ocorrer num ambiente de tumulto, revolta, desordem ou perturbação da disciplina do local onde se encontram privados da liberdade. E é nesse clima que decorre a execução dos actos tendentes a obter o resultado ou objectivo. Essa actuação teológica permite distinguir o motim dos demais actos colectivos.

Não tem grande relevância prática distinguir a insubordinação da desobediência às ordens legítimas dos funcionários no exercício das suas funções, até por existirem diferentes graduações entre os dois actos, as quais tornam muito difícil proceder à distinção. Além disso, seja insubordinação ou desobediência, a infracção disciplinar é a mesma, pelo que não se coloca a questão da subsunção a diferentes tipos de ilícito. Em todo o caso, a insubordinação é habitualmente considerada como uma atitude mais activa, em que é necessário que o recluso se insurja ou expresse uma revolta, mas não é necessariamente assim. A insubordinação, enquanto acto colectivo, pode consistir não numa desobediência a uma ordem, mas no não cumprimento de determinada obrigação regulamentar. É o caso dos reclusos que através de um acto colectivo se insurgem contra determinada situação e se recusam a entrar nas celas à hora estipulada. A dificuldade prática da distinção passaria a existir num momento posterior, pois, perante um acto desse género, seguir-se-ia a intervenção dos guardas prisionais a ordenar a entrada nos alojamentos e perante a não obediência à mesma estar-se-ia logo numa situação de desobediência colectiva. A insubordinação pode também existir sem que seja expressa qualquer revolta, como é o caso dos reclusos que, em acto colectivo e em silêncio, se sentam no chão à porta dos alojamentos e não dão entrada nos mesmos no horário regulamentar.

É muito relevante distinguir entre o que são acções colectivas legítimas de protesto ou de chamada de atenção para uma situação incorrecta e actos colectivos de insubordinação ou de desobediência.

Conforme resulta expressamente do disposto nos artigos 7º, nº 1, alínea m), e 116º, nº 1, do CEPMPL, os reclusos têm o direito de apresentar por escrito reclamações, petições, queixas e exposições relativas à execução das medidas privativas da liberdade para defesa dos seus direitos. Para isso, podem distribuir os respectivos escritos/petições e desenvolver acções com vista a incitar[85] os demais reclusos a assiná-los. O exercício do mencionado direito pode até englobar greves colectivas de fome e outras condutas, activas ou omissivas, que não constituam insubordinação ou desobediência.

O que não é lícito é o recurso a actos colectivos de insubordinação ou de desobediência às ordens legítimas dos funcionários no exercício das suas funções. Nessa insubordinação ou desobediência não existe qualquer propósito nobre de exercício de direitos, mas sim uma acção colectiva ilegítima de não cumprimento de deveres legais ou regulamentares ou de ordens juridicamente válidas dos funcionários no exercício das suas funções, a qual atenta contra a disciplina, segurança e ordem do estabelecimento prisional.

[85] E não intimidar.

IV – SANÇÕES DISCIPLINARES

4.1. Enumeração

O legislador utiliza a terminologia "medida disciplinar", mas o termo "sanção disciplinar" caracteriza melhor a sua verdadeira natureza.

Trata-se de uma reacção da administração penitenciária, no sentido de punição ou castigo, à prática de uma infracção disciplinar.

A medida disciplinar é assim a punição administrativa imposta a um recluso pela prática de um facto qualificado como infracção disciplinar por lei.

No âmbito do princípio da tipicidade[86] que rege a sua enumeração, são susceptíveis de aplicação as seguintes medidas disciplinares[87]:

a) Repreensão escrita;
b) Privação do uso e posse de objectos pessoais não indispensáveis por período não superior a 60 dias;
c) Proibição de utilização do fundo previsto na alínea a) do nº 1 do artigo 46º do CEPMPL por período não superior a 60 dias;
d) Restrição ou privação de actividades sócio-culturais, desportivas ou de ocupação de tempo livre por período não superior a 60 dias;
e) Diminuição do tempo livre por período não superior a 60 dias;

[86] Só podem ser aplicadas as medidas disciplinares previstas no Código da Execução das Penas e Medidas Privativas da Liberdade, tal como se impõe no seu artigo 98º, nº 2.

[87] Artigo 105º, nº 1, do CEPMPL.

f) Permanência obrigatória no alojamento até 30 dias;
g) Internamento em cela disciplinar até 21 dias.

No essencial, o actual leque de medidas disciplinares segue de muito perto aquele que havia sido fixado no artigo 133º do Decreto-Lei nº 265/79, de 1 de Agosto. Face ao anterior regime, actualizou-se a terminologia[88], aperfeiçoaram-se os conceitos e limitou-se a duração das medidas disciplinares[89].

Com importante relevância prática, disciplinou-se a aplicação da medida de internamento em cela disciplinar, que passou a ser unicamente aplicável às infracções disciplinares graves[90].

Às infracções disciplinares simples são aplicáveis as demais medidas disciplinares.

Devido à sua importância, emergente da restrição à liberdade que constitui, define-se a medida de permanência no alojamento como sendo a presença contínua do recluso no espaço habitacional que lhe está atribuído[91] - cela ou camarata. Durante a execução dessa medida, é no seu alojamento que o recluso recebe a medicação e as refeições[92]. Restringem-se os contactos[93] – visitas e comunicações - e poderá ocorrer a limitação do período de permanência a céu aberto. Para salvaguardar o processo de ressocialização, poderá a própria execução da medida ser feita em períodos interpolados, designadamente durante os fins-de-semana e dias feriados ou nos períodos do dia em que não haja actividades escolares ou formativas[94].

O internamento em cela disciplinar decorre num espaço físico individual e isolado[95], no qual o recluso deve permanecer de forma contínua e

[88] V. a supressão da "proibição de beber vinho ou cerveja" e das referências a "concessões" e "quarto individual".

[89] Os períodos de privação de objectos, de proibição de utilização ou de restrição de direitos não são agora superiores a 60 dias, enquanto o internamento em cela disciplinar foi restringido a um máximo de 21 dias.

[90] Artigo 105º, nº 2, do CEPMPL.

[91] Artigo 107º, nº 1, do CEPMPL.

[92] Artigo 173º, nº 5, do RGEP.

[93] Artigos 107º, nºs 1 a 4, do CEPMPL e 173º, nºs 3 a 5, do RGEP.

[94] Artigo 173º, nº 6, do RGEP.

[95] As condições e características a que deve obedecer a cela disciplinar estão definidas no artigo 176º do RGEP.

separado da restante população prisional[96]. É uma medida que implica fortes restrições à liberdade do recluso, em termos de visitas, contactos com o exterior e de acesso a actividades[97]. O recluso fica privado de actividades e de comunicações com o exterior, embora continue a poder contactar com o seu advogado e o seu assistente religioso, bem como a ter acesso a correspondência, livros, jornais e revistas[98]. Só excepcionalmente pode receber outras visitas, justificadas por um circunstancialismo ponderoso[99].

4.2. Escolha da medida disciplinar

No âmbito do direito penal, o procedimento para a fixação da pena é complexo e integra uma sequência de actos, desde a determinação do tipo de crime até à fixação concreta da pena a aplicar ao agente. A escolha da pena e a determinação da medida da pena obedecem a uma sequência cronológica e a critérios próprios e diferenciados, que têm merecido acentuado desenvolvimento na doutrina e, sobretudo, na jurisprudência, tendo-se atingido um elevado grau de depuração de conceitos e dos procedimentos práticos que levam à fixação concreta da pena, com reflexos na diminuição da respectiva subjectividade.

No direito penitenciário, ultrapassada a fase da determinação da infracção disciplinar praticada, segue-se o momento da escolha e determinação da duração da medida disciplinar.

O critério legal em que assenta a escolha da medida disciplinar é exactamente o mesmo que preside à determinação da duração da medida antes escolhida. Nos termos do nº 3 do artigo 105º do CEPMPL, essas duas operações são feitas em função da natureza da infracção, da gravidade da conduta e das suas consequências, do grau de culpa do recluso, dos seus antecedentes disciplinares, das exigências de prevenção da prática de outras infracções disciplinares e da vontade do recluso de reparar o dano causado.

[96] Artigo 108º, nº 1, do CEPML.

[97] Pode-se dizer com propriedade que o internamento em cela disciplinar configura uma privação da liberdade dentro da própria privação da liberdade em que decorre a execução da pena ou da medida privativa da liberdade. Traduz, no fundo, uma maior compressão da liberdade.

[98] Artigo 108º, nº 2, do CEPML.

[99] Artigo 108º, nº 3, do CEPMPL.

Ao não se diferenciarem os critérios desses dois actos, não se acolheram integralmente os ensinamentos do direito penal e esse é um ponto criticável e que deve merecer desenvolvimento no futuro.

O facto de a lei mandar aplicar o mesmo critério não significa que não devam ser distinguidas duas fases: primeiro escolhe-se a medida disciplinar e só depois se fixa a sua duração, respeitando-se a ordem lógica e cronológica. A sequência lógica deve coincidir com a ordem cronológica dos actos.

Na escolha da medida disciplinar deve o decisor[100], se necessário com precedência da audição do conselho técnico do estabelecimento prisional[101], ter subjacentes as finalidades da punição.

Embora não exista actualmente uma definição semelhante à que constava do artigo 132º do Decreto-Lei nº 265/79, de 1 de Agosto, onde se apontava «a ordem e a disciplina do estabelecimento prisional e os fins tidos em vista na execução da medida privativa de liberdade», as finalidades da aplicação das medidas disciplinares permanecem idênticas.

Por um lado, trata-se de manter a ordem e segurança do estabelecimento prisional. A execução das medidas privativas da liberdade deve decorrer em ambiente seguro e ordenado, com respeito pela dignidade da pessoa humana. Só assim se conseguem assegurar os legítimos direitos dos reclusos. A desordem e a indisciplina têm consequências negativas no ambiente em que se cumprem as medidas privativas da liberdade, acabando por restringir os direitos de cada recluso que não era suposto serem afectados. A desordem é o húmus da insegurança e esta última tem repercussões na manutenção da ordem, sendo realidades entre si interligadas e indissociáveis.

Para além desse fim, as medidas disciplinares devem assegurar a protecção dos bens jurídicos e, em última instância e sempre que possível, a reintegração do agente na sociedade.

A relação da problemática dos fins das penas com o sistema prisional foi exemplarmente colocada no preâmbulo do Decreto-Lei n.º 26.643, de 28.05.1936, onde o Prof. Beleza dos Santos escreveu que «na base da organização de qualquer regime prisional está o fim da pena. A posição que se

[100] A aplicação da medida disciplinar compete, em princípio, ao director do estabelecimento prisional – artigo 112º, nº 1, do CEPMPL. No caso de a infracção ter sido praticada contra o director, para se assegurar a imparcialidade, a competência é atribuída ao director-geral dos serviços prisionais - nº 2 do citado artigo.

[101] Artigo 112º, nº 3, do CEPMPL.

tomar sobre este problema domina a sua realização e por isso a diferente filosofia da pena implica soluções diferentes em matéria carcerária».

Portanto, o sentido e conteúdo de toda a actividade no âmbito da execução das penas, em especial da pena de prisão, devem ser encontrados à luz da reflexão sobre os fins das penas. O "porquê" e o "para quê" da pena de prisão não podem ser respondidos abstraindo da questão fundamental dos fins das penas. Também o sentido útil da aplicação de medidas disciplinares a reclusos não é estranho a essa reflexão.

Dentro do elenco das medidas disciplinares previstas no nº 1 do artigo 105º do CEPMPL, deve-se escolher aquela que conseguir tutelar as referidas finalidades de uma forma adequada e suficiente, respeitando um princípio de proporcionalidade.

O princípio da adequação e proporcionalidade está bem patente no nº 5 do artigo 98º do CEPMPL, ao estabelecer que quando se mostre suficiente a mera advertência ou a mediação, não há lugar a procedimento para a aplicação de medida disciplinar.

Sendo a aplicação de uma medida disciplinar suficiente para atingir as finalidades acabadas de referir, não é admissível escolher uma mais grave, dentro da graduação estabelecida no nº 5 do artigo 98º do CEPMPL.

Constata-se que na prática disciplinar existe alguma dificuldade na opção entre a advertência e a repreensão escrita. A advertência não constitui sequer uma medida disciplinar, ao contrário da repreensão, que é a medida disciplinar menos grave. A advertência tem cabimento em situações que, embora traduzindo infracções disciplinares, constituem actos isolados ou de menor gravidade. Optando-se pela advertência, não é necessário a existência de procedimento disciplinar, podendo o director do estabelecimento prisional advertir o infractor pessoalmente ou mediante a comunicação de despacho proferido logo que recebida a participação ou auto de notícia[102]. Em todo o caso, poderá ser feita no culminar de um procedimento disciplinar, designadamente quando se conclui que a gravidade ou a consequência da conduta é menor do que inicialmente se supunha ou quando se considera, face à posição assumida pelo recluso durante o

[102] A advertência, dada a sua natureza e propósito, deve, em princípio, ser feita pessoalmente pelo director do estabelecimento prisional, pois só assim produz efeitos susceptíveis de evitar a repetição da mesma conduta ou de outras juridicamente desvaliosas. Traduz uma censura de um certo comportamento e um alerta para que não seja repetido, pelo que deve o recluso ser confrontado directamente com o carácter desvalioso do acto.

procedimento[103] ou aos demais elementos carreados para os autos, que a mera censura do comportamento é suficiente.

Também se verifica na prática disciplinar uma grande dificuldade na escolha entre as medidas de permanência obrigatória no alojamento e a de internamento em cela disciplinar.

Deve-se ter bem presente que o internamento em cela disciplinar é uma punição violenta e que deve ser reservada para os casos de elevada gravidade, não podendo ser aplicada de forma ligeira e corriqueira. A experiência ensina que na maior parte dos casos, mesmo nas situações mais graves, é suficiente a medida de permanência obrigatória no alojamento, a qual tutela a defesa dos bens jurídicos, é apta à ressocialização do infractor e assegura a manutenção da ordem e segurança do estabelecimento prisional.

Em alternativa às duas medidas disciplinares mais graves, deve sempre equacionar-se a aplicação de outras mais moderadas, mas que têm potencialmente um maior efeito ressocializador. Dependendo da situação, pode-se mais facilmente conseguir alcançar os fins da punição disciplinar com uma privação do uso de televisão durante um certo período do que com a aplicação de uma medida de permanência no alojamento.

4.3. Determinação da duração da medida disciplinar

Escolhida a medida disciplinar, segue-se a determinação da sua duração dentro da moldura legalmente fixada.

Essa determinação faz-se sempre dentro do confronto entre as finalidades da punição e os elementos referidos no nº 3 do artigo 105º do CEPMPL. É no âmbito desse binómio, no constante confronto entre os seus termos, que se obtém o *quantum* óptimo da medida disciplinar, sem exageros na fixação da sua duração, mas também sem posições que desconsiderem as exigências de tutela dos bens jurídicos e da necessidade de assegurar a ordem e segurança no estabelecimento prisional.

[103] Por exemplo, quando o recluso manifesta inequívoco arrependimento ou, estando em causa meros danos materiais, desde logo se dispõe a ressarci-los.

Partindo da natureza da infracção disciplinar, é necessário analisar a gravidade intrínseca da conduta[104] e as suas consequências[105], o grau de culpa do recluso[106], os seus antecedentes disciplinares[107], as exigências de prevenção da prática de outras infracções disciplinares[108] e a vontade de reparar o dano causado[109].

Na fixação da medida da sanção disciplinar é decisiva a consideração de que as finalidades da sua aplicação residem na tutela dos bens jurídicos e das necessidades de ordem e de segurança do estabelecimento prisional e, tanto quanto possível, na reinserção social do recluso.

Numa primeira fase, deve-se definir qual é a necessidade de tutela dos bens jurídicos envolvidos e das exigências para manutenção da ordem e segurança. Estão aqui em causa considerações de prevenção geral positiva ou prevenção de integração, traduzidas nas expectativas de validade e manutenção da norma ou dever infringidos.

Num segundo momento, deve-se considerar a culpa do agente, pois a duração da sanção disciplinar não deve ultrapassar a medida da sua culpa, que constitui um limite inultrapassável. Podem até as necessidades de manutenção da ordem e segurança do estabelecimento prisional reclamar

[104] A análise da gravidade da conduta não é absolutamente autónoma da matéria das consequências daquela. Pressupõe uma hierarquização de valores, sendo que uma conduta que lesa bens jurídicos pessoais será mais grave do que uma outra conduta violadora unicamente de bens jurídicos patrimoniais. A mesma comparação pode ser feita entre comportamentos violadores de bens jurídicos pessoais e meras condutas que põem em causa a ordem, mas não afrontam aqueles bens.

[105] As repercussões em bens jurídicos e a eventual desestabilização da ordem e segurança.

[106] A intensidade do dolo com que o recluso agiu, a motivação, os fins prosseguidos, as emoções e tendências que participaram na formação da vontade, a eventual incapacidade, patenteada nos factos, para manter uma conduta normativa, etc.

[107] Deve ser feita uma análise não só quantitativa mas também qualitativa. Mais do que saber se existem antecedentes disciplinares, é relevante apurar o significado da concreta conduta num quadro de repetição de condutas desvaliosas, designadamente a sua relevância em termos de definição da personalidade do agente e do seu grau de impreparação para respeitar a vida em comunidade.

[108] A prevenção tem aqui um duplo significado. Por um lado, pretende-se que o recluso não volte a praticar infracções disciplinares (prevenção especial) e, por outro, que a aplicação da medida represente o restabelecimento da ordem e segurança e que corresponda à reposição das expectativas de validade da norma (prevenção geral).

[109] Embora a terminologia legal esteja muito associada à reparação da violação de bens patrimoniais, não está afastada a relevância do sentimento de arrependimento e de pesar pelos danos causados a outros bens.

uma elevada duração da sanção, mas esta não pode ser desproporcionada face à culpa do agente. É importante notar que não pode haver sanção sem culpabilidade, nem a sanção e a duração desta deve superar a culpabilidade[110]. Todavia, o grau de culpa, para além da sua verificação como pressuposto da responsabilidade, vai actuar fundamentalmente na graduação da sanção, sendo uma manifestação do princípio da proporcionalidade.

Finalmente, num terceiro momento, têm de se considerar as necessidades de prevenção especial de socialização do recluso. A duração da sanção deve servir a inserção social do recluso, não podendo constituir uma forma de comprometimento ou até de aniquilamento das suas hipóteses de reintegração futura[111].

4.4. Reincidência disciplinar

Na definição do nº 1 do artigo 99º do CEPMPL, ocorre reincidência disciplinar quando se comete nova infracção disciplinar, da mesma ou de outra espécie, antes de decorridos três meses sobre a data da prática de anterior infracção disciplinar.

O elemento fundamental da reincidência é o desrespeito, pelo agente, da solene advertência contida numa decisão disciplinar proferida anteriormente, segundo a qual a anterior medida disciplinar não constituiu suficiente prevenção contra a prática de infracções disciplinares.

A consequência desta reiteração disciplinar é a elevação, com efeito *ope legis*, do limite máximo da medida disciplinar em um terço.

É uma circunstância modificativa agravante geral da infracção disciplinar. Releva em sede de determinação da duração da medida disciplinar.

Por exemplo, tendo-se optado pela aplicação da medida de internamento em cela disciplinar, o limite máximo aplicável, em vez de ser de vinte e um dias, passa a ser de vinte e oito dias. No caso da permanência obrigatória no alojamento, tal limite eleva-se a quarenta dias. Nas medidas

[110] A culpa é um dos pressupostos da responsabilidade penal e disciplinar, mas não se esgota nessa sua função. É posteriormente relevante na escolha da sanção e na determinação da medida concreta desta.

[111] Por exemplo, sendo o recluso estudante, a duração do internamento em cela disciplinar deve ser devidamente ponderada, de forma a permitir-lhe manter em aberto a possibilidade conseguir alcançar o sucesso académico no ano lectivo em curso.

disciplinares previstas nas alíneas b) a d) do nº 1 do artigo 105º, ergue-se a oitenta dias e no caso da alínea e) a quarenta dias.

4.5. Concurso de infracções

É irrelevante o concurso aparente de infracções, o qual ocorre quando um facto for qualificável como infracção disciplinar por diferentes normas incriminadoras. O concurso aparente é um concurso de normas, ou seja, a mesma conduta preenche duas ou mais previsões de infracções disciplinares. Não é um verdadeiro concurso de infracções, mas apenas uma aparência de concurso, que se resolve recorrendo às regras da interpretação[112].

O que aqui se pretende abordar é o concurso real de infracções disciplinares e o respectivo regime legal.

Recorrendo ao conceito do direito penal[113], o número de infracções disciplinares determina-se pelo número de tipos de infracções disciplinares efectivamente cometidos, ou pelo número de vezes que o mesmo tipo de infracção for preenchido pela conduta do agente.

Diferentemente do Código Penal, o Código da Execução das Penas e Medidas Privativas da Liberdade estabelece, no seu artigo 100º, que no caso de concurso, real, de infracções disciplinares, «são-lhe aplicáveis as medidas disciplinares correspondentes a cada uma das infracções». Significa isto que à pluralidade de infracções corresponde uma pluralidade de medidas disciplinares aplicáveis, que se somam, não sendo aplicada uma medida disciplinar única.

Portanto, no direito disciplinar penitenciário vigora a regra do cúmulo material das medidas disciplinares. Tal regra é própria de sistemas que se alicerçam na retribuição como finalidade principal da punição, enquanto o princípio da sanção única se liga a uma função essencialmente de prevenção de futuras condutas desvaliosas.

[112] Sendo o facto – ou vários factos – qualificável como infracção por diferentes normas (concurso heterogéneo), importa verificar qual a relação existente entre essas normas. Todavia, antes disso é preciso delimitar o objecto de cada uma dessas normas, tarefa que no caso do direito disciplinar pode desde logo afastar falsas situações de concurso de normas. O concurso aparente de normas verificar-se-á quando entre as normas concorrentes haja uma relação de especialidade, de subsidiariedade ou de consumpção. Uma das normas prevalecerá, afastando a aplicabilidade das demais.

[113] Artigo 30º, nº 1, do Código Penal.

O CEPMPL deveria ter adoptado uma regra semelhante à que vigora no nosso Código Penal quanto à punição do concurso real de crimes – art. 77º. Numa futura reforma do CEPMPL deve-se introduzir a regra da fixação de uma única medida disciplinar em caso de concurso real de medidas disciplinares, atentas as vantagens que tal sistema proporciona. Mais do que tudo, tal sistema evitará exageros punitivos decorrentes da acumulação de medidas e da falta de ponderação da globalidade das condutas.

Porém, foi outro o caminho que o legislador seguiu e o mesmo é legítimo, tanto mais que estamos no âmbito do mero direito administrativo e não se vislumbra que qualquer norma da Constituição impeça a acumulação material de medidas disciplinares.

Importa ter presente que existem vários ordenamentos jurídicos estrangeiros que não consagram a regra da pena única aplicável a todo e qualquer concurso de crimes e esses países não deixam de ser tão ou mais civilizados do que o nosso, sendo certo que defendem valores idênticos aos que constam da nossa Constituição.

O cúmulo material de medidas disciplinares teve de ser compensado com a introdução de regras restritivas relativas à sua execução.

Por um lado, em caso de concurso de infracções disciplinares, ainda que a soma das medidas disciplinares aplicadas exceda 120 dias, no caso das alíneas c), d) e e), ou 60 dias, no caso das alíneas f) e g) do nº 1 do art. 105º, a medida disciplinar não pode exceder aquelas durações[114].

Por outro lado, a execução sucessiva de medida disciplinar de internamento em cela disciplinar não pode exceder 30 dias[115], devendo ser interrompida durante oito dias[116], após o que se retoma a sua execução.

Em todo o caso, é admissível o cumprimento de várias medidas em simultâneo sempre que estas forem concretamente compatíveis[117].

114 Nº 4 do art. 105º do CEPMPL.

115 Artigo 113º, nº 3, do CEPMPL.

116 Artigo 113º, nº 4, do CEPMPL.

117 Artigo 113º, nº 2, do CEPMPL. Por exemplo, é admissível a aplicação em simultâneo da medida de internamento em cela disciplinar com a proibição de utilização do fundo de reserva previsto na alínea a) do nº 1 do artigo 46º.

4.6. Infracção disciplinar continuada

A infracção disciplinar continuada é o equivalente, em sede de direito administrativo disciplinar, à figura do crime continuado, prevista no nº 2 do artigo 30º do Código Penal.

Assim, nos termos do nº 1 do artigo 101º do CEPMPL, constitui uma só infracção disciplinar continuada a realização plúrima da mesma infracção disciplinar ou de várias infracções disciplinares semelhantes, executadas de forma essencialmente homogénea e no quadro da solicitação de uma mesma situação exterior que diminua consideravelmente a culpa do recluso.

A continuação infractora disciplinar, que é uma efectiva pluralidade de infracções disciplinares, concretiza-se nos seguintes requisitos:

a) Plúrima violação do mesmo tipo legal de infracção disciplinar ou dos tipos legais de várias infracções disciplinares semelhantes[118];
b) Execução por forma essencialmente homogénea, ou seja, tem de existir entre as infracções uma certa relação em termos de actuação e de sucessão temporal[119];
c) Persistência de uma situação exterior que facilita a execução e que diminua consideravelmente a culpa do agente[120].

[118] Devem considerar-se infracções disciplinares semelhantes quando está em causa o mesmo dever jurídico que recai sobre o recluso ou vários deveres susceptíveis de ser agregados numa categoria homogénea. Por exemplo, duas condutas, com os demais requisitos da continuação, em que uma se traduz na desobediência a uma ordem legítima [al. p) do art. 103º do CEPMPL] e a outra se consubstancia na participação em acto colectivo de insubordinação [al. o) do art. 104º do CEPMPL], constituem uma infracção disciplinar continuada, caso em que esses comportamentos seriam punidos com uma única medida disciplinar, correspondente à infracção disciplinar grave.

[119] Dificilmente se concebe que se considere a figura da continuação quando entre as condutas não existir uma certa proximidade temporal, mas sem necessidade de haver entre elas uma relação de sucessão imediata. Veja-se o exemplo do recluso que é o responsável pelo bar de serviço aos reclusos e que em dias sucessivos vai retirando da caixa uma certa quantia que faz sua.

[120] No exemplo apontado na nota anterior, o circunstancialismo exógeno que precipita e facilita as sucessivas condutas do agente é a reiterada falta de fiscalização por parte dos serviços do estabelecimento prisional. Usa um procedimento que se reveste de uma certa uniformidade e aproveita um condicionalismo exterior – a falta de fiscalização – que propicia a repetição. A mesma situação ocorre quando um recluso, aproveitando uma situação temporária de desordem, furta bens em várias celas que leva para o seu alojamento e, vendo que não foi detectado

Tal como no direito penal, a infracção disciplinar continuada é punida com a medida disciplinar aplicável ao facto mais grave que integra a continuação[121]. Se estiverem em causa uma infracção disciplinar simples e uma infracção disciplinar grave, é a moldura desta última que é aplicável.

4.7. Atenuação/desconto

Após a notícia da infracção disciplinar e em qualquer fase do procedimento disciplinar, pode o director do estabelecimento prisional determinar a aplicação das medidas cautelares necessárias para impedir a continuação da infracção disciplinar ou a perturbação da convivência ordenada e segura no estabelecimento prisional ou garantir a protecção de pessoas ou a preservação de meios de prova – artigo 111º, nº 1, do CEPMPL.

Vigoram nesta matéria os princípios da adequação e da proporcionalidade. As medidas cautelares devem ser proporcionais à gravidade da infracção e adequadas aos efeitos cautelares a atingir.

Nos casos mais graves pode ser determinado o confinamento do recluso, no todo ou em parte do dia, em alojamento individual.

Sendo aplicada a medida cautelar de confinamento e se o recluso vier a ser sancionado com a medida disciplinar de permanência obrigatória no alojamento ou de internamento em cela disciplinar, o tempo da medida cautelar é ponderado, para efeitos de atenuação, na sanção que vier a ser aplicada.

A atenuação está aqui aplicada em sentido impróprio. Do que se trata é de imputar ou descontar, logo na decisão disciplinar, a maior inibição da liberdade em que se traduz o confinamento. Trata-se de medidas cautelares sofridas em razão dos factos que integram o objecto do procedimento disciplinar e que por imperativos de justiça material devem ser considerados na duração das duas espécies de medidas disciplinares mais graves.

Não aponta a lei qual o critério que deve presidir à referida imputação. Tenho defendido que dois dias de confinamento em alojamento individual equivalem a um dia em cela disciplinar, mas devem sempre ponderar-se as particulares condições em que decorreu a execução da medida cautelar.

e que a área administrativa está nesse momento acessível devido ao tumulto, resolve posteriormente também furtar dinheiro de funcionários, desde que se possa falar numa actividade fragmentada subjectivamente através de uma pluralidade de resoluções.

[121] Nº 2 do artigo 101º do CEPMPL.

4.8. Suspensão da execução da medida disciplinar

O instituto da suspensão das medidas disciplinares apenas é aplicável às infracções disciplinares simples.

Significa isto que não é susceptível de suspensão a execução da medida de internamento em cela disciplinar. Isto porque esta medida só é aplicável às infracções disciplinares graves – artigo 105º, nº 2, do CEPMPL.

Em abstracto, a execução de todas as demais medidas disciplinares, desde que decorrentes de infracções disciplinares simples, é susceptível de ser suspensa.

A suspensão está sujeita ao prazo máximo de três meses[122] e a decisão deve ser fundamentada – artigo 106º, nº 1, do CEPMPL.

É necessário que o director do estabelecimento prisional conclua que a simples censura do facto e a ameaça de execução da sanção realizam de forma adequada e suficiente as suas finalidades, que já anteriormente foram abordadas.

A suspensão é sempre subordinada ao cumprimento de deveres que seja razoável exigir, destinados a reparar as consequências da infracção, nomeadamente:

a) Dar ao lesado imediata satisfação moral adequada;

b) Indemnizar o lesado, no todo ou em parte, dentro do prazo fixado;

c) Entregar a instituição de solidariedade social, nomeadamente associações de apoio à vítima e organizações de voluntariado, uma contribuição monetária ou prestação em espécie de valor equivalente;

d) Realizar, no prazo da suspensão, tarefas de interesse comum, não renumeradas, com consentimento, por período não inferior a 20 nem superior a 120 horas, sem prejuízo do normal desenvolvimento das suas actividades formativas.

No termo do período de suspensão, o processo disciplinar deve ser apresentado ao director do estabelecimento prisional, com a finalidade declarar extinta a medida disciplinar. Nesse caso, tal extinção deve ser registada no sistema de informação prisional[123], no extracto referente ao recluso[124].

[122] Semelhante ao período de tempo relevante para efeitos de reincidência.

[123] Instituído pelo Decreto-Lei nº 144/2001, de 26 de Abril.

[124] Artigos 170º, nº 2, e 172º do RGEP.

Caso exista contra o recluso processo disciplinar pendente por factos ocorridos durante o período da suspensão, aguarda-se a respectiva conclusão para, então, se proferir decisão[125].

Se durante o prazo de suspensão o recluso praticar nova infracção disciplinar, é revogada a suspensão[126]. O mesmo sucede se o recluso, culposamente, deixar de cumprir qualquer dos deveres impostos – artigo 106º, nº 3, do CEPMPL.

A decisão de suspensão da medida disciplinar tem efeito suspensivo do prazo de prescrição dessa sanção, que só começa a correr no dia seguinte à revogação – artigos 106º, nº 4, e 115º, nº 3, do CEPMPL.

4.9. Prescrição da medida disciplinar

Consagraram-se prazos curtos para a prescrição das medidas disciplinares – artigo 115º, nº 3, do CEPML.

Consoante se trate de infracções simples ou graves, a medida disciplinar prescreve nos prazos de quatro ou seis meses a contar do dia seguinte ao da decisão que a aplicou.

Tais prazos só se interrompem com o início da execução da respectiva medida[127].

Sendo impugnada a medida disciplinar, devido aos curtos prazos de prescrição fixados, é necessário um cuidado redobrado na tramitação da impugnação para que não ocorra a apontada prescrição.

4.10. Execução da medida disciplinar

A execução da medida disciplinar é, na definição do nº 1 do artigo 113º do CEPML, imediata.

Daqui parecia resultar que logo após a prolação da decisão disciplinar o recluso deveria iniciar o cumprimento da medida disciplinar.

[125] Artigo 170º, nº 2, do RGEP.

[126] Neste caso, quando se profere a decisão disciplinar referente à nova medida disciplinar deve-se igualmente proceder à revogação da suspensão da execução, sem prejuízo da impugnação daquela.

[127] Nº 4 do artigo 115º do CEPMPL.

Não é assim.

O carácter imediato tem de ser articulado com o disposto no artigo 171º, nº 4, do RGEP, onde se estabelece que as medidas disciplinares de permanência obrigatória no alojamento ou de internamento em cela disciplinar só podem ser executadas quando se esgotar o prazo para a impugnação, que é de cinco dias, ou, se a decisão for efectivamente impugnada, quando houver decisão definitiva do tribunal de execução das penas.

Já as demais medidas disciplinares podem ser executadas de imediato.

4.11. Assistência médica

A assistência médica releva em dois momentos:

a) Antes da aplicação das medidas disciplinares de permanência obrigatória no alojamento ou de internamento em cela disciplinar;
b) Na fase de execução dessas medidas disciplinares.

Antes da aplicação da medida disciplinar[128], é ouvido o médico se o recluso se encontrar em tratamento psiquiátrico ou revelar ideação suicida ou, no caso de gravidez, puerpério ou após a interrupção da gravidez, bem como em todos os casos em que circunstâncias excepcionais o justifiquem.

Quando o recluso se encontrar a cumprir medidas disciplinares de permanência obrigatória no alojamento ou de internamento em cela disciplinar[129], fica sob vigilância médica, devendo ser observado com a frequência necessária pelo médico, sob o qual recai o dever de se pronunciar por escrito sempre que considere necessário interromper ou alterar a execução da medida disciplinar.

Embora a assistência seja dirigida a ambas as medidas disciplinares, deve a execução da medida de internamento em cela disciplinar ser rodeada de particulares cuidados, pois o isolamento extremo é susceptível de potenciar problemáticas mentais e situações de fragilidade emocional e até de depressão. É relevante ter presente que a personalidade do recluso e as suas particulares características é decisiva na forma como aborda a execução do internamento em cela disciplinar. Se a alguns reclusos tal

[128] Artigo 109º, nº 2, do CEPMPL.
[129] Artigo 109º, nº 1, do CEPMPL.

internamento não produz sofrimento de monta, já para outros pode constituir um castigo difícil de suportar[130], daí que a assistência médica, com o apontado conteúdo, seja decisiva.

[130] É precisamente para esses casos que releva a pronúncia do médico antes da decisão disciplinar, a qual deve levar à ponderação da aplicação de outra espécie de medida disciplinar ou, quando indispensável a aplicação das duas mais graves, adequação da respectiva duração ao particular circunstancialismo do recluso.

V – MEDIDAS PARA-DISCIPLINARES

5.1. Conceito e justificação

O artigo 105º do CEPMPL não deixa dúvidas sobre quais são as sanções disciplinares susceptíveis de ser aplicadas a um recluso que pratique uma infracção disciplinar.

Apenas podem ser aplicadas ao recluso as sanções disciplinares que aí se encontram previstas.

Porém, o comportamento que dá origem à aplicação da medida disciplinar tem consequências noutros planos, dando lugar a outras reacções da administração penitenciária, que não são em rigor sanções disciplinares, mas actos prévios, contemporâneos ou complementares do processo disciplinar.

No limite, de forma indevida, pode acontecer o recluso ser punido com uma medida disciplinar e ainda, enquanto sanções encapotadas, com outras medidas que aqui se designam como para-disciplinares ou quase-disciplinares.

Devido à frequência com que são aplicadas, estas medidas para-disciplinares têm um grande relevo prático.

Na generalidade dos casos, a aplicação de uma medida quase-disciplinar é plenamente justificada. Basta pensar no caso de um recluso que chefia uma rede de tráfico de droga dentro de um estabelecimento prisional. Deixando de fora o plano criminal, que tem o seu campo de aplicação e tempo próprios, além da aplicação de uma sanção disciplinar por essa conduta, é compreensível que a administração penitenciária transfira esse recluso para outro estabelecimento prisional para evitar que consiga retomar a mesma actividade.

Todavia, já a transferência alicerçada numa mera suspeita, sem que exista qualquer elemento substancial que a comprove, traduz um uso injustificado de um poder.

É essa a matéria tratada neste capítulo.

5.2. Enumeração

Sem pretensão de exaustividade, consideram-se como para-disciplinares as seguintes decisões:

a) Colocação do recluso em cela de separação (meio especial de segurança) – artigo 92º, nº 1, do CEPMPL;
b) Colocação do recluso em quarto de segurança (meio especial de segurança) – artigo 93º, nº 1, do CEPMPL.
c) Não autorização e proibição de visita – artigo 65º, nº 1, do CEPMPL;
d) Proibição ou restrição de contactos telefónicos – artigo 70º, nº 1, do CEPMPL;
e) Proibição de contactos (entrevistas) com órgãos de comunicação social – artigo 75º, nº 2, do CEPMPL;
f) Colocação do recluso em regime de segurança – artigo 15º, nº 1, do CEPMPL;
g) Retenção de correspondência e não comunicação ao recluso daquela retenção - artigo 69º, nº 1, do CEPMPL;
h) Transferência – artigo 22º do CEPMPL.

5.3. Meios especiais de segurança

Para assegurar a ordem e segurança no estabelecimento prisional utilizam-se meios comuns e especiais de segurança, os quais estão exaustivamente descritos no artigo 88º do CEPMPL.

Entre os meios especiais de segurança, avultam a colocação do recluso em cela de separação da restante população prisional e a colocação em quarto de segurança.

Os meios especiais de segurança apenas podem ser utilizados nos seguintes casos:

i) Quando exista perigo sério de evasão ou tirada;

ii) Quando, em virtude do seu comportamento ou estado psíco-emocional, haja perigo sério de prática pelo recluso de actos de violência contra si próprio ou contra bens jurídicos pessoais ou patrimoniais.

Como já resulta da análise das hipóteses legais em que podem ser utilizados, trata-se de meios cautelares, para assegurar a protecção de bens jurídicos, destinados a apenas se manterem enquanto durar a situação de perigo que motivou a sua aplicação.

Dada a sua função cautelar, essas medidas nunca podem ser utilizados a título disciplinar, o que o legislador teve o cuidado de enfatizar no nº 5 do artigo 88º do CEPMPL.

É ao director do estabelecimento prisional[131] que compete determinar a utilização e cessação dessas medidas cautelares e a sua decisão é necessariamente fundamentada.

5.3.1. Cela de separação

Dentre os meios especiais de segurança, o mais gravoso é a colocação em cela de separação, pelo que só pode utilizado quando os demais se revelarem ineficazes ou inadequados.

Consiste em colocar o recluso numa cela que isola o recluso da restante população prisional. Como não é uma cela disciplinar, embora esta também assegure a separação da restante população prisional, e este meio cautelar não constitui uma medida disciplinar, nem pode ser utilizado a esse título, não é admissível que a colocação em cela de separação decorra numa cela destinada ao cumprimento dos internamentos em cela disciplinar. Se o recluso for colocado numa cela disciplinar existe uma clara violação do disposto no nº 5 do artigo 88º do CEPMPL.

Durante a pendência desta medida cautelar o recluso fica excluído da vida em comum e da comunicação com os demais reclusos. Tem ainda como consequência a limitação dos contactos com o exterior, podendo

[131] Tal decisão pode ainda ser proferida por quem estiver no momento a substituir o director do estabelecimento prisional, caso em que lhe deve ser imediatamente comunicada.

ser reduzido o período de permanência a céu aberto, até ao limite de uma hora por dia.

Como é uma medida muito restritiva e pode produzir consequências negativas no recluso, é obrigatória a observação por médico ou enfermeiro num prazo máximo de vinte quatro horas após o início da medida. Se o recluso já exibir as fragilidades enunciadas no nº 4 do artigo 92º, designadamente por se encontrar sujeito a tratamento médico ou revelar ideação suicida, é obrigatória a prévia realização de exame médico, a menos que se trate de uma situação de perigo iminente, caso em que se procede posteriormente a exame médico urgente. Embora a lei o não diga, o recluso deve manter acompanhamento clínico diário se a decisão que determinou a sua aplicação se tiver alicerçado na existência de perigo sério da prática de actos de violência contra bens jurídicos pessoais do próprio recluso. Se o recluso colocado em quarto de segurança mantém tal acompanhamento, então, por maioria de razão, também o recluso colocado em cela de separação o deve ter.

Esta medida pode ser convolada para colocação em regime de segurança, caso os motivos que justificaram a aplicação da medida perdurem por trinta dias, mediante proposta do director do estabelecimento prisional ao director-geral dos serviços de reinserção e serviços prisionais.

5.3.2. Quarto de segurança

A colocação em quarto de segurança visa fazer face a uma situação de grave alteração do estado psíco-emocional do recluso que represente sério perigo de actos de violência contra bens jurídicos pessoais, do próprio ou de terceiro, ou patrimoniais.

Na base da aplicação desta medida está sempre um estado de descompensação emocional do recluso que se manifesta de uma forma inquietante. Não basta qualquer descompensação, pois é necessário que da mesma decorra um elevado risco de prática de actos de natureza violenta.

Consiste em isolar momentaneamente o recluso num espaço habitacional, preferencialmente no sector clínico do estabelecimento prisional, dotado de condições de segurança. O quarto deve ser construído e equipado por forma a salvaguardar a integridade física do recluso e de terceiros. As condições do quarto e de isolamento do recluso têm de permitir obstar à concretização de actos contra bens pessoais e patrimoniais de terceiros, mas sobretudo evitar actos suicidas ou de auto-infligir lesões.

Tal medida está sujeita igualmente aos princípios da necessidade, adequação e proporcionalidade. Só pode ser aplicada se em concreto se revelar necessária e adequada à protecção dos bens jurídicos em causa. Só deve ser aplicada se os outros meios especiais de segurança menos gravosos se revelarem ineficazes ou inadequados.

Se o quadro de alteração comportamental se prolongar por dez dias, mantendo-se os demais pressupostos, o recluso é transferido para estabelecimento ou unidade hospitalar adequado ao seu estado.

5.4. Não autorização e proibição de visita

As visitas são para o recluso uma janela para a vida em liberdade. Continua privado da liberdade, mas contacta com as pessoas que lhe são mais próximas e isso é benéfico para si. Permitem manter os laços familiares e sociais, reduzir o efeito criminógeno da reclusão e introduzir uma ideia de normalidade e de manutenção de contactos com o "mundo lá fora".

Constitui direito do recluso manter contactos com o exterior, designadamente mediante visitas, comunicação à distância ou correspondência, sem prejuízo das limitações impostas por razões de ordem, segurança e disciplina ou resultantes do regime de execução da pena ou medida privativa da liberdade – artigo 7º, nº 1, al. e), do CEPMPL.

De forma inteiramente correcta e paradigmática, o CEPMPL inicia o título XI do livro I, sob a epígrafe de contactos com o exterior, com as visitas – artigo 58º.

Podemos definir as seguintes categorias:

a) Visitas pessoais;
b) Visitas íntimas;
c) Visitas ocasionais e urgentes;
d) Visitas de advogados, notários, conservadores e solicitadores;
e) Visitas de entidades diplomáticas ou consulares;
f) Visitas institucionais.

5.4.1. Visitas pessoais

As visitas pessoais têm natureza regular e não podem ter duração inferior a uma hora por semana[132]. São as visitas que o recluso recebe do cônjuge ou de pessoa com quem mantenha uma relação análoga à dos cônjuges, de familiares e outras pessoas com quem mantenha relação pessoal significativa[133].

Em ocasiões especiais, por motivo de particular significado humano ou religioso, o recluso pode receber visitas alargadas de familiares e de outras pessoas com quem mantenha relação pessoal significativa[134], excepto se estiver colocado em regime de segurança, caso em que não podem ser autorizadas[135]. As visitas alargadas apenas podem iniciar-se depois de decorrido o prazo de seis meses após o ingresso no sistema prisional[136].

O director do estabelecimento prisional pode não autorizar uma visita se esta constituir perigo para a segurança e ordem do estabelecimento ou prejudicar a reinserção social do recluso[137]. Tal limitação é aplicável a todos os reclusos, independentemente de estarem ou não em regime de segurança.

Também a visita não será autorizada se não estiverem reunidos os respectivos pressupostos, isto é, não existir entre o recluso e a pessoa que o pretende visitar a relação exigida na lei e ainda, no caso das visitas em ocasiões especiais, quando não esteja demonstrada a existência de um motivo de particular significado humano ou religioso.

Resumindo, uma visita regular de uma pessoa só pode ser indeferida com os seguintes fundamentos:

[132] Artigo 58º, nº 3, do CEPMPL.

[133] Artigo 59º, nº 1, do CEPMPL.

[134] Estas visitas realizam-se por exemplo no dia do aniversário do recluso ou num dia que tenha um particular significado na religião por si professada – artigo 59º, nº 2, do CEPMPL.

[135] Nos termos do nº 4 do artigo 12º do CEPMP, é inerente à execução da pena (ou medida privativa da liberdade) em regime de segurança a limitação da vida em comum e dos contactos com o exterior. Tal limitação é imposta pelo nº 4 do artigo 59º.

[136] Artigo 112º, nº 1, do RGEP.

[137] Artigos 118º, nº 1, do RGEP e 65º, nº 1, do CEPMPL.

a) Caso a pessoa não seja cônjuge, companheiro (pessoa com quem mantenha relação análoga à dos cônjuges) ou familiar do recluso e este alicerce o pedido na invocação de tal tipo de relação;
b) Não manter o recluso com essa pessoa relação pessoal significativa, caso não se trate de cônjuge, companheiro ou familiar (v. artigo 59º, nº 1, do CEPMPL);
c) A visita dessa pessoa represente perigo para a segurança e ordem do estabelecimento prisional (o mesmo é dizer, que ponha em risco a ordem, a segurança e a disciplina – artigo 65º, nº 1, do CEPMPL);
d) A visita possa prejudicar a reinserção social do recluso (artigo 65º, nº 1, do CEPMPL);
e) Nas visitas alargadas, em alegadas ocasiões especiais, quando não esteja demonstrada a existência de um motivo de particular significado humano ou religioso.

Da não autorização de visita, prevista nos artigos 65º, nº 1, do CEPMPL e 118º do RGEP, distingue-se a proibição de visita, enunciada no artigo 119º do RGEP.

A primeira decorre numa fase inicial, no decurso da verificação da identidade e acreditação dos visitantes, bem como da avaliação da indicação feita pelo recluso sobre as pessoas pelas quais deseja ser visitado. Se se concluir que a visita constitui perigo para a segurança e ordem do estabelecimento ou prejudica a reinserção social do recluso, os serviços de tratamento penitenciário ou os serviços de vigilância e segurança propõem ao director do estabelecimento prisional que não autorize essa visita. Nesse caso, o director profere decisão fundamentada de recusa de autorização e o recluso é notificado dos respectivos fundamentos, excepto nos casos em que estes assentem em informação de segurança classificada ou em segredo de justiça.

A proibição de visita coloca-se sempre num momento posterior à autorização da mesma. Se no decurso da visita se constatar que esta constitui perigo para a segurança e ordem do estabelecimento ou prejuízo para a reinserção social do recluso, os serviços já mencionados propõem ao director do estabelecimento prisional que proíba a visita.

A proibição de visitas pode constituir uma medida para-disciplinar nos casos em que resultar de actos cometidos durante a sua realização pelo recluso. São relativamente frequentes as tentativas de introdução no estabelecimento prisional de estupefacientes ou objectos proibidos no decurso das visitas e isso constitui uma inequívoca infracção disciplinar cometida por parte do recluso, que deve ser punida com uma medida disciplinar. Como tais actos também prejudicam a reinserção do recluso ou podem constituir perigo para a segurança e ordem do estabelecimento, é compreensível que seja aplicada a medida de proibição de visita.

Tanto a proibição de visitas como a sua prorrogação são, sempre que possível, precedidas de audição do visitante[138].

Em todo o caso, tanto a não autorização como a proibição de visitas são decisões susceptíveis de serem impugnadas pelo recluso junto do tribunal de execução das penas[139].

Ao lado destas duas figuras – não autorização e proibição de visitas – existe uma terceira que é a interrupção da visita. Tem lugar no decurso da visita quando o recluso ou o visitante, depois de advertidos, persistirem na violação de normas legais ou regulamentares ou puserem em risco a ordem, a segurança e a disciplina do estabelecimento prisional. Portanto, quando o recluso ou o visitante assumirem um comportamento incorrecto, deve o infractor ser advertido para tal facto e de que a sua manutenção levará à interrupção da visita. Se persistir na mesma conduta, o elemento dos serviços de vigilância e segurança deve interromper a visita, que cessará de imediato, e de seguida comunica tal facto ao director do estabelecimento prisional.

Consoante o facto que esteja na origem da interrupção da visita, pode seguir-se-lhe ou não um procedimento com vista à proibição de visita.

Todas as decisões tomadas sobre visitas não têm carácter imutável, podendo ocorrer a sua reapreciação nos termos que a lei estabelece. Tal situação emerge da particular importância das visitas para o recluso.

Assim, a recusa de autorização pode ser reapreciada decorridos seis meses sobre a decisão, por iniciativa do recluso, do visitante ou do director do estabelecimento prisional[140].

A proibição de visita não pode ter duração superior a seis meses e decorrido tal prazo, ao contrário do que sucede com a recusa de autorização, cessa tal proibição e é retomada a visita. Todavia, caso o director do estabelecimento prisional entenda que continua a verificar-se a situação que

[138] Artigo 119º, nº 2, do RGEP.

[139] Artigos 65º, nº 5, do CEPMPL e 118º, nº 3, e 119º, nº 3, do RGEP.

[140] Artigo 118º, nº 3, do RGEP.

deu origem à proibição, deve previamente propor ao director-geral de reinserção e serviços prisionais que determine a proibição de visita por novo período, não excedente a seis meses, prorrogável por iguais períodos de tempo. Devido à importância fundamental que revestem as visitas para o recluso, pretende a lei que a situação seja reapreciada por outra pessoa, de forma a garantir uma correcta ponderação dos interesses em presença.

5.4.1.1. Visitas por videoconferência

São uma subespécie das visitas pessoais, sendo-lhe aplicáveis as mesmas regras respeitantes às visitas regulares no que se refere à acreditação de visitantes, registo e vigilância da visita.

São visitas que se realizam através de contactos por videoconferência, estabelecidos entre o estabelecimento prisional onde se encontra o recluso e o estabelecimento prisional mais próximo da residência do visitante, podendo ser alargados a sistemas colocados em outras entidades públicas, em território nacional ou no estrangeiro.

São realizadas sempre a pedido do recluso, quando este não tenha visitas presenciais frequentes, por motivo de considerável distância ou de difícil acesso entre o estabelecimento e a residência dos visitantes.

5.4.2. Visitas íntimas

As visitas íntimas são aquelas que decorrem exclusivamente entre o recluso que não beneficia de licença de saída jurisdicional há mais de seis meses e o seu cônjuge, companheiro ou pessoa com quem mantenha uma relação afectiva estável, com vista à manutenção de relações sexuais ou quaisquer outras de natureza afectiva, em condições adequadas de privacidade.

Para além das óbvias situações relativas ao cônjuge ou à pessoa com quem mantenha relação análoga à dos cônjuges, o legislador alargou a possibilidade de o recluso encetar relações íntimas com pessoa que no momento do registo de ingresso no estabelecimento prisional indicou que desejava ser por ela visitado e efectivamente o visite regularmente ou mantenha com ele correspondência regular. Na definição de relação afectiva estável entram ainda aqueles casos de pessoas com quem o recluso, durante a reclusão, tenha iniciado visitas regulares ou correspondência regular ao longo de um ano.

A redacção do artigo 120º não é suficientemente precisa no que respeita à definição da relação afectiva estável, pelo que carece de ser concretizada, até por terem surgido diferentes entendimentos sobre esta matéria.

Tem sido defendido ser necessário que a relação afectiva com a pessoa visitante permaneça ao longo de um ano, em qualquer uma das situações.

Tal entendimento só é válido para o caso de relação iniciada no decurso da reclusão.

Se o recluso no momento da sua entrada no sistema prisional tiver indicado essa pessoa como sua visitante, desde que as visitas ou a troca de correspondência sejam regulares, não é necessário que decorra um ano para se iniciarem as visitas íntimas. É o caso do recluso que indica a pessoa como sua visitante e menciona que se trata da sua namorada.

A lei estabelece uma alternativa entre o recebimento de visitas regulares e a correspondência regular. Fá-lo para precaver aquelas situações em que não existem visitas regulares devido a constrangimentos de variada natureza, designadamente de distância entre o estabelecimento e a localidade onde reside a pessoa visitante.

Nesses casos, é suficiente a manutenção de correspondência regular.

O director do estabelecimento prisional pode proferir quatro decisões sobre as visitas íntimas: recusa de autorização, suspensão, revogação e cessação de visita.

A decisão de recusa de autorização deve ser proferida quando não estão reunidos os requisitos enumerados nos artigos 59º, nºs 3 e 4, do CEPMPL e 120º, nºs 1 a 3, do RGEP. Previamente é feita uma verificação dos requisitos indicados no artigo 120º do RGEP e uma avaliação da situação do recluso pelos serviços do estabelecimento prisional, sendo sempre ouvido o conselho técnico[141].

A suspensão da realização de visitas íntimas, por um período até seis meses, pode ser decidida quando se verifique:

a) Violação das regras de realização das visitas;
b) Aplicação de medida disciplinar de permanência obrigatória no alojamento ou de internamento em cela disciplinar[142];

[141] Artigo 121º, nº 1, do RGEP.

[142] A suspensão de visitas íntimas é no caso uma medida para-disciplinar.

c) Conduta da pessoa visitante que constitua facto ilícito ou que ponha em causa a ordem, a segurança ou a disciplina do estabelecimento prisional ou a reinserção social do recluso[143].

A revogação da autorização para realização de visitas íntimas tem lugar quando ocorra:

a) Um facto superveniente de especial gravidade que torna incompatível a realização das visitas;
b) Reiteração em qualquer das circunstâncias susceptíveis de originar a suspensão das visitas[144].

A revogação é sempre precedida de audição do conselho técnico do estabelecimento prisional e a decisão é necessariamente fundamentada, tal como as decisões de não autorização e de suspensão.

Decorridos seis meses sobre a revogação da visita, o recluso pode requerer nova autorização para a realização de visita, iniciando-se novamente o procedimento de aferição dos requisitos e de avaliação actualizada da situação do recluso, nos termos dos artigos 120º e 121º do RGEP.

Finalmente, a autorização para realização de visitas cessa imediatamente:

a) Quando qualquer uma das duas pessoas envolvidas nas visitas pedir a cessação;
b) Quando seja concedida licença de saída, excepto se a pessoa visitante se encontrar recluída e não beneficiar de licenças de saída há mais de seis meses[145].

Como as decisões de não autorização, de suspensão e de revogação são susceptíveis de ser impugnadas pelo recluso junto do tribunal de execução de penas, devem ser-lhe notificadas com a respectiva fundamentação[146].

143 Artigo 124º, nº 1, do RGEP.
144 Artigo 124º, nº 2, do RGEP.
145 Artigo 124º, nº 3, do RGEP.
146 Artigos 124º, nº 4, do RGEP e 65º, nº 5, do CEPMPL.

5.4.3. Visitas ocasionais urgentes

Estas visitas têm carácter esporádico e emergem da necessidade de a visita ocorrer para resolver assuntos pessoais, jurídicos, económicos ou profissionais, insusceptíveis de serem tratados por carta ou através de terceiro ou adiados até à data da libertação[147].

Apesar da situação de reclusão, vários dos aspectos da vida do recluso não se suspendem, continuam o seu curso normal e pode ser necessário realizar diligências para resolver assuntos urgentes.

A lei, propositadamente, tem uma formulação ampla para conseguir abranger as mais variadas situações.

Estão em causa assuntos inadiáveis ou em que pelo menos o atraso na sua resolução é susceptível de causar ao recluso prejuízo relevante.

A iniciativa de pedir a visita pode partir tanto do recluso como do visitante. O pedido é necessariamente fundamentado e dirigido ao director do estabelecimento prisional, a quem compete apreciá-lo com brevidade.

Como visa resolver assuntos urgentes, a visita realiza-se tão rapidamente quando possível e a sua duração é apenas pelo tempo estritamente necessário à resolução do assunto que a motiva[148].

5.4.4. Visitas de advogados, notários, conservadores e solicitadores

O recluso tem direito à informação, consulta e aconselhamento jurídico de advogado – artigo 7º, nº 1, al. n), do CEPMPL.

Trata-se até de um direito fundamental e como tal é consagrado na Constituição da República Portuguesa149.

Além da visita de advogado, tem ainda direito a visita de notário, conservador ou solicitador, em horário próprio, para a resolução de assuntos jurídicos, próprios do exercício de tais funções, sem prejuízo de autorização de visitas urgentes em termos que já atrás se analisaram. As visitas de notário, conservador ou solicitador seguem as mesmas regras aplicáveis às visitas de advogado150.

[147] Artigo 60º do CEPMPL.

[148] Artigo 113º do RGEP.

[149] Artigos 30º, nº 5, e 32º, nº 3, da CRP.

[150] Artigos 102º a 105º e 106º, nº 2, do RGEP.

As conversas que o recluso troque com esses visitantes são confidenciais e não podem ser objecto de qualquer controlo.

A supervisão admissível resume-se ao controlo visual da visita[151].

À entrada do estabelecimento prisional os visitantes são inspeccionados através de equipamento de detecção de objectos e devem exibir o interior da pasta ou objecto similar de que se façam acompanhar[152].

Podem trocar documentação com o recluso, desde que seja a necessária ao tratamento de assuntos jurídicos a ele respeitantes.

O conteúdo dessa documentação não pode ser controlado, atento o regime de confidencialidade de que beneficia.

Caso o recluso esteja colocado em regime de segurança, tais visitas, ao contrário do que é regra relativamente aos demais visitantes, decorre sem vidro de separação e em local reservado que assegure a confidencialidade da comunicação e o controlo visual da mesma[153].

5.4.5. Visitas de entidades diplomáticas ou consulares

O recluso estrangeiro tem o direito a ser visitado pelas entidades diplomáticas ou consulares do seu país, nos termos previstos nas convenções internacionais[154].

Essas visitas seguem o regime das visitas de advogado.

Decorrem em dias úteis, em horário a fixar pelo director do estabelecimento prisional, dentro do período normal de expediente.

A entidade diplomática ou consular deve solicitar ao director do estabelecimento prisional a realização da visita com vinte e quatro horas de antecedência.

Desde que o recluso consinta na visita, a mesma realiza-se na data e hora pretendidas, desde que dentro do horário fixado.

[151] Artigo 102º, nº 1, do RGEP.

[152] A verificação visual do conteúdo, que não a sua leitura, pode ser feita através de aparelho adequado – artigo 104º, nº 7, do RGEP.

[153] Artigo 207º do RGEP.

[154] Artigos 62º do CEPMPL e 207º e 232º do RGEP.

5.4.6. Visitas institucionais

Os estabelecimentos prisionais podem, e devem, ser visitados pelos titulares de órgãos de soberania, o Provedor de Justiça, o bastonário da Ordem dos Advogados e os magistrados do Ministério Público, bem como as pessoas que os acompanhem, no exercício das suas funções[155].

Também são admissíveis visitas por parte dos representantes de organizações internacionais com atribuições em matérias relativas à promoção e protecção dos direitos dos reclusos, nos termos de convenções internacionais em vigor em Portugal.

No que respeita aos estabelecimentos prisionais situados nas Regiões Autónomas dos Açores e da Madeira, podem os presidentes dos governos regionais, os representantes da República e os presidentes das assembleias legislativas das Regiões Autónomas visitar os respectivos estabelecimentos, bem como as pessoas que os acompanham.

Estas visitas visam permitir a essas entidades tomar conhecimento do estado dos estabelecimentos prisionais e das condições em que se executam as medidas privativas da liberdade, com a finalidade de poderem tomar medidas apropriadas para corrigir as eventuais situações problemáticas que verifiquem existir.

Podem ainda ser autorizadas visitas a outras pessoas, no âmbito de trabalhos e investigações de carácter científico ou académico, e de organizações que visem a promoção de direitos humanos.

5.5. Proibição ou restrição de contactos telefónicos – artigo 70º, nº 1, do CEPMPL

A regra é o recluso poder efectuar, a expensas suas, chamadas telefónicas, embora com os condicionalismos inerentes à situação de reclusão.

Tal direito pode ser restringido por fundadas razões de ordem, segurança ou reinserção social. Tendo presente a importância dos contactos do recluso com o exterior na manutenção dos seus laços familiares, sociais e profissionais, sem perder de vista o que isso representa para o seu estado emocional e bem-estar, a restrição de contactos telefónicos activos configura-se como uma verdadeira excepção. O recluso viu cerceada a sua liber-

[155] Artigos 66º do CEPMPL e 125º e 178º do RGEP.

dade por via da medida privativa da liberdade que lhe foi imposta mas não o direito a contactar com o exterior por via telefónica.

Além dessa posição activa, no sentido da sua iniciativa no estabelecimento do contacto, pode-lhe ser autorizado o recebimento de chamadas telefónicas pessoais ou profissionais.

Tanto as decisões de restrição como as de autorização são da competência do director do estabelecimento prisional[156].

Caso seja imposta alguma espécie de restrição ao contacto telefónico, que vá além do estabelecido no RGEP, tal decisão do director do estabelecimento prisional pode ser impugnada pelo recluso junto do tribunal de execução das penas[157].

Uma restrição susceptível de impugnação é a que resulta da decisão do director em ordenar o controlo presencial – que não meramente visual - dos contactos telefónicos.

Isso só pode ser imposto por decisão devidamente fundamentada e tendo por base uma de quatro situações;

a) O contacto telefónico coloque em perigo as finalidades da execução;
b) Exista fundada suspeita da prática de crime, ou seja, o contacto telefónico sirva para a prática de um crime;
c) Verificação de justificadas razões de protecção da vítima do crime;
d) O contacto telefónico afecte de forma premente as necessidades de ordem e segurança do estabelecimento prisional.

A proibição de contactos telefónicos não se aplica, obviamente, às visitas de advogados, notários, conservadores, solicitadores e a entidades diplomáticas ou consulares. Tal proibição também não pode afectar os direitos à audição, apresentação de pedidos, reclamações, queixas, recursos, impugnação de decisões dos serviços prisionais perante o tribunal de execução das penas, e à prestação de informação, consulta e aconselhamento jurídico por parte de advogado.

[156] Artigo 70º, nº 4, do CEPMPL.
[157] Artigo 70º, nº 5, do CEPMPL.

Em concretização do apontado direito[158], o recluso pode efectuar uma chamada telefónica por dia para o exterior, com a duração máxima de cinco minutos. Pode ainda contactar telefonicamente, por sua iniciativa, o seu advogado uma vez por dia, durante o máximo de cinco minutos.

É vedada aos reclusos a posse ou mera detenção de aparelhos telefónicos, designadamente telemóveis, os quais constituem o objecto mais apreendido nos estabelecimentos prisionais.

Por isso, os contactos telefónicos têm de ser efectuados, exclusivamente, através das cabines telefónicas para o efeito existentes nos estabelecimentos prisionais. As cabines telefónicas apenas podem utilizar meios de pagamento electrónicos e devem estar dotadas de sistemas de bloqueamento electrónico que obstem à realização de chamadas para contactos não autorizados. Na prática, o recluso solicita um cartão telefónico e indica os contactos telefónicos, até um máximo de dez[159], que pretende que sejam autorizados pelo director do estabelecimento prisional. Quando pretende contactar telefonicamente uma certa pessoa dirige-se à cabine telefónica, insere o cartão, marca o número e, se for um contacto que tenha sido autorizado, realiza a chamada. Se o número do telefone não estiver entre aqueles cujo contacto foi autorizado, o sistema electrónico da cabine telefónica impede a realização da chamada.

A autorização de contactos é antecedida de uma fase de acreditação, em que os serviços do estabelecimento prisional confirmam a identidade dos destinatários indicados pelo recluso, a relação destes com o recluso e a declaração de aceitação escrita prestada pelos mesmos. No que respeita aos advogados e solicitadores, os serviços apenas devem confirmar a respectiva identidade e qualidade profissional.

Além disso, o recluso pode aceder livremente a números de telefone de interesse público, definidos por despacho do director-geral de reinserção e serviços prisionais. Uma vez definidos pelo referido órgão como de interesse público, o acesso aos mesmos não pode ser bloqueado.

Todos os contactos telefónicos decorrem sob controlo visual directo de um elemento dos serviços de vigilância e segurança, o que constitui essencialmente uma forma de disciplinar o uso da cabine telefónica entre os reclusos, na medida em que não é susceptível de controlo o concreto teor

[158] Artigo 132º do RGEP.

[159] Não estão entre os dez números permitidos os dos advogados e solicitadores, que no fundo acrescem à referida listagem.

da conversação, excepto se existir despacho fundamentado do director e estiver em causa uma das quatro situações que já se referiram.

Quanto ao recebimento de chamadas o RGEP, no seu artigo 134º, nº 1, é peremptório: a regra é o recluso não poder receber chamadas telefónicas do exterior.

As excepções versam sobre situações excepcionais, emergentes de motivos de particular significado humano, quando esteja em causa a resolução de assuntos profissionais urgentes e as chamadas telefónicas provenientes de entidades a que a lei ou convenção atribua direito de acesso aos reclusos a qualquer hora.

Numa apreciação genérica do regime dos contactos telefónicos, dir-se-á que é muito restritivo no que respeita ao leque de contactos e, sobretudo, quanto ao número e duração das chamadas diárias. Tal limitação exagerada é um dos factores que está na base da proliferação de telemóveis na posse de reclusos nos estabelecimentos prisionais, com os inerentes negócios ilícitos que gravitam à volta desse fenómeno.

5.6. Proibição de contactos (entrevistas) com órgãos de comunicação social – artigo 75º, nº 2, do CEPMPL

A realização de entrevistas aos reclusos por parte de órgãos de comunicação social depende sempre de autorização do director-geral de reinserção e serviços prisionais e do consentimento expresso do entrevistado.

Para que seja possível a realização de uma entrevista é necessário que estejam reunidas as seguintes condições substanciais:

a) O contacto com o órgão de comunicação social não prejudique a reinserção social do recluso;
b) Não ponha em causa a disciplina, ordem e segurança do estabelecimento prisional;
c) Tratando-se de preso preventivo, o acto não frustre as finalidades da prisão preventiva;
d) Seja compatível com a defesa da privacidade ou segurança de terceiros, em especial da vítima.

Na análise do primeiro pressuposto material devem ser especialmente ponderados os riscos de estigmatização do recluso ao expor-se mediaticamente. Trata-se de defender o recluso dos fortes constrangimentos futuros decorrentes da exposição pública da sua vida. Na generalidade dos casos a circunstância de o recluso querer falar publicamente sobre o crime praticado pouco ou nada afecta a ordem e segurança do estabelecimento prisional, mas tal acto, sobretudo numa fase de execução da pena em que é previsível a concessão da liberdade condicional a breve prazo, pode acabar por lhe "fechar muitas portas", no sentido de poder no futuro dificultar-lhe a reintegração social e profissional.

A falta de preenchimento do segundo pressuposto é o motivo mais invocado nas decisões de não autorização de entrevistas a reclusos. Deve-se ter presente que as entrevistas são quase imediatamente conhecidas no meio prisional, pelo que é relevante saber qual o concreto objecto da entrevista para conseguir perceber se terá repercussões negativas na comunidade prisional, sobretudo ao nível das relações entre reclusos. Ao contrário do que um leigo toma como assente, a informação no seio prisional circula muito rapidamente e nem sempre de uma forma adequada e fidedigna. Daí que deva ser ponderado o concreto risco que a entrevista pode representar para a disciplina, ordem e segurança internas.

Embora a letra da lei[160] confira formalmente ao director-geral de reinserção e serviços prisionais margem de apreciação no que respeita aos reclusos em prisão preventiva, a mesma circunscreve-se aos casos em que não exista oposição por parte do tribunal à realização da entrevista. Se o tribunal à ordem do qual o arguido se encontra sujeito à medida de coacção de prisão preventiva manifestar oposição ao contacto com o órgão de comunicação social, tal posição é vinculativa para o director-geral de reinserção e serviços prisionais[161]. Se o tribunal não deduzir oposição à realização da entrevista, o director-geral de reinserção e serviços prisionais pode, ainda assim, decidir não autorizar o referido contacto. Tal posição só poderá ser assumida em casos muito contados, devendo a decisão ser especialmente fundamentada, através da invocação de factos que permitam pôr em causa o juízo de não oposição por parte do tribunal[162]. Fora dessa situação excepcional, é decisiva a posição do tribunal à ordem do qual o

[160] V. artigo 75º, nº 5, do CEPMPL.

[161] Conforme resulta do disposto no nº 5 do artigo 75º do CEPMPL.

[162] No fundo, só se o director-geral de reinserção e serviços prisionais tiver conhecimento de factos ainda não carreados para o processo onde foi aplicada a prisão preventiva é que poderá indeferir o pedido de entrevista perante a não oposição do tribunal à sua realização.

recluso cumpre medida de coacção de prisão preventiva, pois dificilmente se concebe que possa não ser concedida a autorização quando o tribunal manifestar uma não oposição ao contacto com o órgão de comunicação social. No fundo, é decisivo o juízo que o tribunal faça sobre o prejuízo da entrevista para as finalidades da prisão preventiva, até devido ao conhecimento limitado do director-geral de reinserção e serviços prisionais sobre o processo criminal, logo sobre as concretas finalidades que presidiram à aplicação da medida de coacção.

Finalmente, no que respeita ao quarto pressuposto, exige-se que o decisor pondere as repercussões da entrevista para terceiros, sobretudo se for previsível um impacto negativo sobre a vítima ou familiares desta. Independentemente de o terceiro ser ou não uma vítima, deve igualmente ser ponderada a possibilidade de a entrevista violar a sua privacidade. No fundo, enquanto a primeira condição visa proteger a pessoa do próprio recluso, nesta quarta condição está em causa a defesa de terceiros e da própria sociedade, através da expressão na entrevista de posições que representam a violação dos seus direitos e a desvalorização da conduta criminosa e das suas consequências.

É por isso que o nº 6 do artigo 75º do CEPMPL estabelece algumas *linhas vermelhas*, impedindo as emissões de rádio e televisão em directo, entrevistas a reclusos colocados em regime de segurança ou reportagens em estabelecimentos prisionais ou unidades de segurança especial, a recolha e divulgação de imagens e sons que permitam a identificação dos filhos que os reclusos tenham consigo no estabelecimento prisional, bem como a recolha e divulgação de imagens que possam pôr em risco a segurança do estabelecimento prisional. A recolha e divulgação de imagens e sons que permitam a identificação de reclusos apenas pode ocorrer se os reclusos visados tiverem prestado o seu consentimento esclarecido e expresso.

O procedimento com vista à autorização de realização da entrevista inicia-se com um pedido escrito do órgão de comunicação social, dirigido ao director-geral de reinserção e serviços prisionais. Tal pedido deve conter uma descrição detalhada do respectivo objecto, ou seja, do teor, sentido e objectivo da entrevista solicitada[163].

De seguida, os serviços prisionais entregam ao recluso cópia integral do pedido e explicam-lhe, através de funcionário do estabelecimento pri-

[163] Artigo 137º, nº 1, do RGEP.

sional, o objecto da entrevista. Perante isto, o recluso pode não consentir na entrevista e o procedimento é dado por findo por falta do necessário pressuposto volitivo, devendo o órgão de comunicação social ser informado desse facto. Se o recluso pretender conceder a entrevista, presta consentimento por escrito, o qual deve mencionar se abrange a divulgação do seu nome e imagem, e em que termos[164]. Em qualquer caso, o recluso tem o direito de revogar por escrito o seu consentimento até à publicação ou difusão da entrevista[165]. A ampla faculdade de revogação legalmente estabelecida destina-se a permitir ao recluso uma adequada reflexão sobre as consequências da entrevista, das quais pode só se inteirar plenamente no momento da sua realização ou até posteriormente.

Caso se trate de recluso em prisão preventiva, o director-geral de reinserção e serviços prisionais deve solicitar ao tribunal à ordem do qual se encontra sujeito a essa medida de coacção que expresse a sua posição relativamente à realização da entrevista. Se esse tribunal manifestar oposição, o director-geral de reinserção e serviços prisionais, invocando precisamente essa posição, não autoriza o contacto com o órgão de comunicação social, do que dá conhecimento a este e ao recluso.

Nos demais casos, prestado o consentimento, o director-geral de reinserção e serviços prisionais profere decisão sobre o pedido. A decisão que não autorize a entrevista deve ser fundamentada, notificada ao recluso e comunicada ao órgão de comunicação social. Se for autorizada a entrevista, é a mesma agendada dentro das disponibilidades do órgão de comunicação social, do recluso e dos serviços do estabelecimento prisional, aos quais incumbe a realização dos actos preparatórios da mesma.

A entrevista decorre na presença de funcionário designado pelo director do estabelecimento prisional, podendo ser interrompida quando a conduta ou as declarações do recluso ou do jornalista ponham em risco a disciplina, ordem e a segurança do estabelecimento prisional, as finalidades da prisão preventiva, a privacidade ou a segurança de terceiros. O funcionário deve previamente advertir o infractor e, se persistir na conduta, interromper a entrevista, fazendo recolher, através dos serviços de vigilância e segurança, o recluso à unidade prisional a que está afecto. De tal acto

[164] O recluso pode exigir, por exemplo, que o som da sua voz seja distorcido, que não seja fornecido o seu nome ou que a recolha de imagens seja feita de forma a não poder ser directamente identificado, em consonância com o disposto no artigo 137º, nº 5, do RGEP.

[165] Artigo 137º, nº 4, do RGEP.

é dado imediato conhecimento ao director do estabelecimento prisional, o qual, por sua vez, deve comunicá-lo ao director-geral de reinserção e serviços prisionais, por ser o órgão que autorizou a concessão da entrevista.

A decisão do director-geral de reinserção e serviços prisionais de não autorização de realização de entrevista pode ser impugnada pelo recluso perante o tribunal de execução das penas, dispondo para o efeito do prazo de oito dias a contar da notificação. A decisão é insusceptível de impugnação por parte do órgão de comunicação social, embora possa até ser o principal interessado na sua realização.

Caso o tribunal de execução das penas considere procedente a impugnação, a entrevista é realizada, devendo o estabelecimento prisional executar a sentença no prazo nela fixado, em consonância com o disposto no artigo 209º, nº 1, alínea b), do CEPMPL.

5.7. Colocação do recluso em regime de segurança – artigo 15º, nº 6, do CEPMPL

O CEPMPL distingue três modalidades de execução da pena de prisão:

a) Regime comum;
b) Regime aberto;
c) Regime de segurança.

A colocação em cada um desses regimes faz-se em função da avaliação do recluso e da sua evolução ao longo da execução. Não se trata de um regime progressivo em sentido próprio, pois o regime de segurança não corresponde à primeira fase da execução da pena. Só se pode falar de uma certa progressividade entre o regime comum e o regime aberto.

O regime normal de execução da pena é o comum. Em rigor tem uma função supletiva, na medida em que é nele colocado o recluso cuja execução da pena não possa decorrer em regime aberto nem deva realizar-se em regime de segurança[166].

A execução em regime aberto destina-se a favorecer os contactos com o exterior e a aproximação à comunidade[167].

[166] Artigo 13º do CEPMPL.

[167] Artigo 12º, nº 3, do CEPMPL.

São duas as modalidades:

a) O regime aberto no interior, conhecido pela forma abreviada de RAI;
b) O regime aberto no exterior – RAE.

No primeiro caso o recluso desenvolve actividades no perímetro do estabelecimento prisional ou nas suas imediações, com vigilância atenuada. Embora na sua designação conste a expressão "no interior", isso não é exacto, pois as actividades podem ser desenvolvidas fora do estabelecimento prisional, desde que seja nas imediações. O tipo de actividades não está concretizado na lei, pelo que se admite que sejam laborais, escolares, de formação profissional ou quaisquer outras compatíveis com a natureza desta modalidade.

Em RAE o recluso desenvolve actividades de ensino, formação profissional, trabalho ou programas em meio livre, sem vigilância directa. Nesta modalidade, o recluso pernoita no estabelecimento prisional[168], que será um estabelecimento apropriado de segurança média ou uma unidade prisional distinta e separada das demais[169].

Podem-se apontar as seguintes vantagens abstractas do regime aberto:

a) As condições da execução da pena de prisão são as que mais se aproximam da vida em liberdade;
b) Melhora a saúde física e mental dos reclusos;
c) Atenua as tensões próprias da vida penitenciária;
d) Facilita a manutenção da disciplina, sendo menores as necessidades de recorrer a medidas disciplinares;
e) Permite manter as relações com a família e a comunidade;
f) Diminui o aparato físico de segurança e repressão;
g) Melhora as relações entre os reclusos e o pessoal interveniente na execução da pena;
h) Permite diminuir o efeito criminógeno gerado pelo regime comum, sobretudo em termos de atenuação da sensação de institucionalização;

[168] Cfr. artigo 188º, nº 2, do RGEP.

[169] O objectivo é restringir ao máximo possível o contacto com reclusos do regime comum, tal como resulta do disposto nos artigos 179º, nº 4, e 183º, nº 2, do RGEP.

i) Reduz as consequências negativas de um regime repressivo.

O regime de segurança destina-se aos reclusos cuja situação jurídico-penal ou comportamento em meio prisional revelem perigosidade incompatível com afectação a qualquer outro regime de execução[170].

A lei fornece três exemplos susceptíveis de revelar a apontada perigosidade. Um primeiro baseado no tipo de crime e respectiva gravidade por que o recluso está indiciado ou condenado, um segundo alicerçado no seu concreto comportamento em meio prisional e um último respeitante ao perigo sério de subtracção à execução da medida privativa da liberdade.

Em primeiro lugar, essa perigosidade é susceptível de ser revelada pela indiciação ou condenação pela prática de facto que configure terrorismo, criminalidade violenta ou altamente organizada ou a existência de fortes suspeitas de envolvimento neste tipo de criminalidade, sustentadas em informação escrita prestada por tribunal, órgão de polícia criminal ou serviço de segurança[171]. O problema reside no facto de os conceitos de criminalidade violenta e de criminalidade altamente organizada, nos termos das alíneas j) e m) do artigo 1º do Código de Processo Penal, abrangerem uma vasta panóplia de crimes e muitos deles nem sequer se poderem considerar de elevada gravidade, atenta a moldura penal aplicável[172]. Por uma parte muito significativa da população prisional estar condenada ou indiciada por esse tipo de crimes, o decisor deve ser especialmente cuidadoso na colocação de reclusos em regime de segurança com base na aplicação deste critério, o qual carece sempre de ser complementado com uma análise da personalidade do recluso e do seu particular circunstancialismo. Em todo o caso, o legislador teve a necessidade de recorrer a este critério com base na constatação de que muitos dos indivíduos particularmente perigosos conseguem controlar-se em meio prisional de forma a não manifestarem sinais exteriores da sua perigosidade, sendo que quando ela se

[170] Artigo 15º do CEPMPL.

[171] Alínea a) do nº 2 do artigo 15º do CEPMPL.

[172] De harmonia com a alínea j) do artigo 1º do CPP, consideram-se como "criminalidade violenta" as condutas que dolosamente se dirigirem contra a vida, a integridade física ou a liberdade das pessoas e forem puníveis com pena de prisão de máximo igual ou superior a 5 anos. Segundo a alínea m) do mesmo artigo, consubstanciam "criminalidade altamente organizada" as condutas que integrarem crimes de associação criminosa, tráfico de pessoas, tráfico de armas, tráfico de estupefacientes ou de substâncias psicotrópicas, corrupção, tráfico de influência ou branqueamento.

exterioriza já se produziu o dano que com a colocação em regime de segurança se pretende evitar. Para limitar o âmbito da sua aplicação e tornar mais objectivável o respectivo critério, nos casos de mera indiciação de envolvimento nesse tipo de criminalidade, exige-se que seja sustentada em informação escrita prestada por tribunal, órgão de polícia criminal ou serviço de segurança. Neste exemplo-padrão o regime de segurança é, na maior parte dos casos, justificado em concreto com base em razões de ordem e segurança, mas, em rigor, não é menor a necessidade de tutela dos direitos dos demais reclusos, os quais devem ver assegurada uma vida prisional tranquila, com respeito absoluto pelo seu direito fundamental à protecção da integridade física e vida.

Em segundo lugar, temos aquela que é a situação mais comum e que se traduz no facto de um recluso assumir em meio prisional comportamentos continuados ou isolados que representem perigo sério para bens jurídicos pessoais ou patrimoniais ou para a ordem, disciplina e segurança do estabelecimento prisional, designadamente os que se traduzam em intimidação, exploração ou condicionamento de outros reclusos ou funcionários. Diferentemente da primeira situação, em que está em causa uma perigosidade potencial extrema[173], aqui a perigosidade resulta de um concreto comportamento ou conjunto de condutas assumidas em meio prisional que leva a concluir inequivocamente pela incompatibilidade de afectação a outro regime de execução. É neste âmbito que a colocação do recluso em regime de segurança reveste a natureza de medida para-disciplinar. O comportamento em meio prisional acarreta, contemporaneamente, a aplicação de uma sanção disciplinar e a afectação ao regime de segurança, sendo que regra geral esta precede aquela[174].

[173] A generalidade dos estabelecimentos prisionais não está apta a lidar com indivíduos de elevada perigosidade, sobretudo face ao perigo que eles representam para os outros reclusos, em especial os mais frágeis, mas também pela forma como podem pôr em causa em causa a ordem e segurança da unidade prisional, através da instrumentalização de outros reclusos. Por isso, deve-se em primeiro lugar apurar se é possível a sua afectação a um dos poucos estabelecimentos prisionais especialmente preparados para esse tipo de criminalidade. Só se se concluir pela inadequação dessa colocação é que se deve decidir pela afectação ao regime de segurança na única cadeia especialmente preparada para todo o tipo de reclusos, que é o Estabelecimento Prisional de Monsanto.

[174] Estão em causa situações muito graves, pois só estas justificam a aplicação do regime de segurança. Daí que perante a sua ocorrência deva-se reagir imediatamente com a colocação

Em terceiro lugar, pode revelar uma especial perigosidade o facto de existir o perigo sério de evasão ou de tirada, sustentado em informação escrita prestada por órgãos de polícia criminal, serviço de segurança ou pelos serviços prisionais. Não pode ser qualquer perigo de evasão ou tirada a dar azo à colocação em regime de segurança, pois, sobretudo na fase inicial de cumprimento das medidas privativas da liberdade, o risco de evasão é um fenómeno comum. É necessário que o referido risco seja objectivável com fundamento em elementos que tenham sido transmitidos ao director-geral de reinserção e serviços prisionais, mediante comunicação escrita das forças policiais, de segurança ou pelos próprios serviços prisionais. No fundo, o que despoleta a colocação em regime de segurança é um alerta por escrito feito pelas referidas entidades para o risco de ocorrer a evasão ou tirada. Embora a lei o não diga, só é compreensível a colocação em regime de segurança se o estabelecimento prisional onde o recluso se encontra não dispuser de condições para fazer face ao aludido perigo ou, tendo-as, isso acarretar um prejuízo significativo para a vida interna da cadeia. Por exemplo, não será curial manter-se em regime comum um recluso que uma organização criminosa pretende retirar de uma cadeia quando, para salvaguardar o perigo de tirada, é necessário impor variadas restrições de movimentação a outros reclusos que nada têm a ver com o assunto.

As decisões de colocação, manutenção e cessação em regime de segurança são fundamentadas e competem ao director-geral de reinserção e serviços prisionais.

Regra geral, a iniciativa é do director do estabelecimento prisional a que o recluso se encontra afecto. Perante um concreto comportamento ou um conjunto de comportamentos manifestados no estabelecimento prisional, o respectivo director conclui que é incomportável manter o recluso no regime que se encontra em execução e por isso propõe ao director-geral de reinserção e serviços prisionais a afectação ao regime de segurança.

Podem também os serviços centrais da direcção-geral de reinserção e serviços prisionais proporem fundamentadamente ao respectivo director geral a colocação em regime de segurança.

Existe ainda a possibilidade, não expressamente referida na lei[175], de ser o próprio director-geral de reinserção e serviços prisionais, ao ser-lhe

em regime de segurança e só posteriormente, com a observância de todas as formalidades inerentes ao procedimento disciplinar, é que será aplicada a medida disciplinar.

175 V. artigo 194º, nº 1, do CEPMPL.

comunicada qualquer uma das informações previstas nas alíneas a) e c) do nº 2 do artigo 15º do CEPMPL, a solicitar parecer aos serviços centrais e ao director do estabelecimento, para posteriormente decidir sobre a afectação ao regime de segurança. Se pode ser proposta ao director-geral a colocação em regime de segurança e este é que tem em última instância que garantir a normalidade do funcionamento do sistema prisional, então, por maioria de razão, se este tem conhecimento de factos relevantes, deve desencadear o procedimento com vista à eventual aplicação do regime de segurança.

5.8. Retenção de correspondência e não comunicação ao recluso daquela retenção – artigo 69º, nº 2, do CEPMPL

Embora existam limites à recepção e expedição de encomendas, como princípio geral, o recluso tem direito a receber e a enviar, a expensas suas, correspondência e encomendas[176]. As limitações são estabelecidas em função do regime de execução da medida privativa da liberdade, da regularidade das visitas e do apoio sócio-familiar de que beneficia o recluso.

No que respeita ao respectivo controlo, a regra é as encomendas e a correspondência serem objecto de algum tipo verificação, sobretudo para detecção de objectos proibidos.

Por razões de ordem e segurança do estabelecimento prisional, é compreensível que todas as encomendas sejam objecto de verificação pelos serviços prisionais, os quais devem registar o nome e endereço completos do remetente e destinatário, a data em que foi recebida e a relação dos artigos que a compõem[177]. Se as encomendas não fossem verificadas tornar-se-iam no principal meio para a introdução de estupefacientes, armas e outros objectos proibidos no estabelecimento prisional. É isso que se pretende evitar com o controlo de todas as encomendas.

Diferentemente do que sucede com as encomendas, nem toda a correspondência pode ser sujeita a verificação. É o caso da correspondência trocada entre o recluso e advogados, notários, conservadores, solicitadores, entidades diplomáticas e consulares, e as pessoas mencionadas nos nºs 1 e 2 do artigo 66º do CEPMPL, ou seja, as entidades que têm o direito de

[176] Artigo 67º, nº 1, do CEPMPL.

[177] Artigo 130º, nº 1, do RGEP.

visitar os estabelecimentos prisionais no exercício das suas funções. Também não pode ser objecto de qualquer controlo a correspondência destinada a apresentar pedidos, reclamações, queixas, recursos e impugnações, bem como a que visa o acesso a informação, consulta e aconselhamento jurídico por parte de advogado. Esse tipo de correspondência não pode ser sujeita a qualquer controlo[178].

A correspondência e encomendas expedidas pelo recluso são fechadas por elemento da vigilância, na presença do recluso, depois de efectuado o respectivo controlo para detecção de objectos proibidos[179] ou ilícitos.

A correspondência e encomendas dirigidas ao recluso são abertas na sua presença por elemento dos serviços de vigilância e segurança, que efectua a respectiva verificação para detecção de objectos ilícitos ou cuja posse não seja permitida num estabelecimento prisional[180], podendo para o efeito ser utilizados equipamentos e instrumentos de detecção. No futuro, com o desenvolvimento tecnológico, o ideal será que não ocorra a abertura da correspondência, devendo a detecção de objectos ser feita com recurso a outros meios.

É importante notar que a abertura da correspondência visa apenas a detecção de objectos ilícitos ou proibidos. É nisto que consiste o nível normal de controlo da correspondência.

Já a leitura da correspondência, que é um acto mais intrusivo na privacidade do recluso, só pode ter lugar se for ordenada por despacho fundamentado do director do estabelecimento prisional. Para isso, é necessário que a correspondência possa pôr em perigo as finalidades da execução, exista fundada suspeita da prática de crime, seja necessário precaver protecção à vítima do crime ou se verifiquem ponderosas razões de ordem e segurança do estabelecimento prisional.

Tal decisão do director do estabelecimento prisional deve ser comunicada ao recluso, salvo em caso de receio fundado de grave prejuízo para os valores que através dela se pretendem acautelar[181].

Na sequência da leitura e dos resultados da mesma, num plano ainda mais limitador do direito do recluso aos contactos com o exterior, consagra o legislador a possibilidade de o director do estabelecimento prisional,

[178] Artigo 68º, nº 4, do CEPMPL.

[179] Artigo 131º, nº 6, do RGEP.

[180] Artigo 130º, nº 1, do RGEP.

[181] Artigo 68º, nº 3, do CEPMPL.

mediante despacho subsequente e fundamentado, determinar a retenção de correspondência e de encomendas do recluso[182], facto que será comunicado a este, excepto se existir fundado receio de produção de grave prejuízo para os valores que através dela se pretendem acautelar[183].

A retenção de correspondência ou encomendas, cuja expedição o recluso pretende, é admissível após o seu fecho na presença do recluso. Pode suceder que só após o acto de fecho se tome conhecimento que a correspondência ou encomenda serve para a prática de crime, que põe em causa as finalidades da execução da medida privativa da liberdade, que atenta por alguma forma contra a vítima do crime[184] ou que põe em causa a ordem e segurança. Nesse caso, através de despacho fundamentado do director do estabelecimento prisional, pode ser ordenada a leitura da correspondência ou a abertura da encomenda para nova verificação de segurança. Na sequência desse controlo, pode o director, através de novo despacho fundamentado, ordenar a respectiva retenção.

Estes actos do director do estabelecimento prisional, traduzidos nas decisões de retenção de correspondência e de não comunicação ao recluso daquela retenção, são comunicados ao Ministério Público, dando azo à instauração de um processo de verificação da legalidade, que é uma das formas de processuais existentes nos tribunais de execução das penas. Se o Ministério Público concluir pela verificação de qualquer vício ou ilegalidade nas decisões do director do estabelecimento prisional deve impugná-las junto do tribunal de execução das penas, caso em que o processo de verificação da legalidade se convola em impugnação.

5.9. Transferência – artigo 22º do CEPMPL

Existem duas modalidades de transferência, consoante seja definitiva ou por um período limitado de tempo, caso em que se denomina de precária

[182] As encomendas serão retidas se contiverem objectos ilícitos ou proibidos, o que é feito na sequência da sua abertura na presença do recluso.

[183] Artigo 69º, nº 1, do CEPMPL.

[184] Veja-se o exemplo típico de a correspondência ser dirigida à vítima do crime (fazendo-lhe uma ameaça) e o funcionário encarregue de proceder ao seu fecho desconhecer tal facto. Num estabelecimento prisional dificilmente os elementos dos serviços de vigilância e segurança têm conhecimento de quem são as vítimas, ou pelo menos de todas as vítimas dos reclusos.

e não determina a afectação do recluso ao estabelecimento prisional para onde é transferido[185].

A transferência precária é meramente transitória, ou seja, pelo tempo necessário à realização da respectiva finalidade.

Pode ser utilizada para proporcionar a presença do recluso num conjunto vasto de actos, como sejam a comparência a actos processuais, realização de visitas, cumprimento de medida disciplinar, internamento hospitalar, realização de acto médico, frequência de acções de formação profissional ou escolares e até para execução de meio especial de segurança.

A transferência precária é susceptível de convolar-se em definitiva, sendo que o nº 3 do artigo 21º do RGEP prevê essa conversão necessária no caso de se prolongar por mais de três meses e se tratar de comparência a actos processuais, internamento hospitalar ou realização de acto médico ou frequência de acções de formação profissional.

A transferência definitiva de um recluso para estabelecimento prisional ou unidade diferente daquele a que está afecto pode ser determinada se ocorrer pelo menos um dos seguintes motivos:

a) Favorecer o tratamento penitenciário;
b) Facilitar a aproximação ao meio familiar e social;
c) Favorecer a execução do plano individual de readaptação;
d) Proporcionar tratamento médico adequado;
e) Tutela de razões de ordem e segurança.

A decisão de transferência definitiva é sempre da competência do director-geral de reinserção e serviços prisionais – artigo 22º, nº 3, do CEPMPL.

Seja qual for o motivo da transferência e ainda que esta seja do interesse do próprio recluso, a decisão tem de ser fundamentada, ou seja, deve conter uma apreciação dos motivos de facto e de direito que a justificam. A motivação da transferência deve ser comunicada ao recluso, às pessoas por ele indicadas e ao seu defensor, se o tiver constituído no âmbito do processo individual, salvo se fundadas razões de ordem e segurança a isso se opuserem.

[185] Artigo 21º, nºs 1 e 2, do RGEP.

A decisão de transferência definitiva é sempre comunicada, desacompanhada da sua fundamentação[186], a pelo menos dois tribunais: ao tribunal de execução das penas onde pende o processo de acompanhamento da execução da medida privativa da liberdade e ao tribunal à ordem do qual o recluso está preso ou detido. Se o recluso tiver processos pendentes, independentemente da fase em que se encontrem, os respectivos tribunais serão informados da transferência[187]. Tratando-se de recluso estrangeiro, caso este tenha previamente manifestado vontade de que seja dado conhecimento da sua situação à respectiva entidade diplomática ou consular ou entidade representativa dos seus interesses, efectuar-se-á a respectiva comunicação de transferência a essa entidade[188].

A iniciativa da transferência pode partir do recluso, do director do estabelecimento prisional ou dos serviços centrais.

Sendo da iniciativa do recluso, o pedido contém as razões que o levam a pedir a transferência e deve ser entregue ao director do estabelecimento prisional, que dispõe de quinze dias para o instruir e remeter ao director-geral de reinserção e serviços prisionais. O pedido, balizado pela fundamentação apresentada pelo recluso, é instruído com pareceres, também fundamentados, do director, dos serviços responsáveis pela execução da pena[189], dos serviços de vigilância e segurança e, caso se justifique, dos serviços clínicos.

Caso seja da iniciativa do director do estabelecimento prisional, reveste a forma de uma proposta de transferência e é instruída com os mesmos pareceres já referidos. Como o recluso deve ser ouvido sobre a proposta de transferência, ressalvados os casos excepcionais em que fundadas razões de ordem e segurança se oponham à audição, a pronúncia deste, caso tenha sido apresentada, deve fazer parte dos elementos a remeter ao director-geral de reinserção e serviços prisionais.

Finalmente, a transferência pode ser da iniciativa dos serviços centrais da Direcção-Geral de Reinserção e Serviços Prisionais, sobretudo quando

[186] A fundamentação da decisão de transferência tem como destinatário o recluso e visa permitir-lhe conhecer as razões em que se alicerça. Não carece de ser comunicada a motivação aos tribunais envolvidos ou a outras entidades.

[187] Artigo 22º, nº 3, do CEPMPL.

[188] Artigo 230º, nº 1, do RGEP.

[189] São os serviços de tratamento penitenciário os responsáveis pelo acompanhamento da execução da pena.

estejam em causa razões de ordem e segurança. Esta iniciativa dos serviços centrais tem de ser entendida em termos hábeis, pois pode ter sido despoletada por familiar do recluso, outra pessoa que defenda os seus interesses, a vítima, um tribunal ou uma entidade policial. Sendo compreensível que o recluso não seja ouvido quando estiverem em causa motivos sérios de ordem e segurança, já em todos os demais casos deve-se entender que o recluso carece de ser ouvido, sendo essa uma diligência que se reputa de fundamental para assegurar o contraditório e a defesa dos seus interesses.

VI – O PROCESSO DISCIPLINAR

Tanto o Código da Execução das Penas e Medidas Privativas da Liberdade como o Regulamento Geral dos Estabelecimentos Prisionais utilizam de forma indiscriminada as expressões *procedimento*[190] e *processo*[191] para designar a mesma realidade. Tais termos são utilizados nesses dois diplomas como sinónimos.

Em rigor, o processo é o modelo legal da sequência de actos que se inicia com a notícia da infracção e que se estende até à decisão final, com a aplicação da medida disciplinar ou o arquivamento.

Por sua vez, o procedimento refere-se a um caso concreto e não a um modelo abstracto de actos. É o conjunto de trâmites que têm lugar numa determinada situação. É a sucessão ordenada de actos e formalidades numa situação concreta.

Verifica-se que o CEPMPL utiliza o termo *procedimento* para designar o modelo legal, enquanto o RGEP se refere a essa realidade como *processo,* e vice-versa.

Tal imprecisão é também muito comum nos diversos ramos do direito, desde logo no processo penal, não sendo clara a distinção terminológica entre processo e procedimento na linguagem jurídico-processual.

[190] Artigo 111º, nº 1, do CEPMPL e a designação do Título IX da Parte II do RGEP.

[191] Artigos 110º, nºs. 2, 3 e 5, e 115º, nºs 1 e 2, e a epígrafe do Capítulo III do Livro I do CEPMPL e artigos 163º, nºs 1 e 2, 164º, 165º, nºs 1 e 2, 166º, nºs 1, 2 e 7, 167º, nº 1, 168º, nºs 1, 3 e 4, 169º, nºs. 1 a 5, 170º, nº 2, e 172º do RGEP.

6.1. Competência

O *domus* do processo disciplinar é o director do estabelecimento prisional[192]. A direcção ou titularidade pertence-lhe, em exclusivo.

Nenhum procedimento disciplinar se inicia sem que isso tenha sido determinado por tal órgão e também a decisão final não pode ser proferida por outro ente ou pessoa – artigo 112º, nº 1, do CEPMPL, sem prejuízo das regras de substituição e de delegação de poderes.

Ressalva-se a situação de a infracção disciplinar ter sido praticada contra o director, caso em que, para garantir a imparcialidade na respectiva apreciação, a aplicação da medida disciplinar compete ao director-geral dos serviços prisionais[193] - artigo 112º nº 2, do CEPMPL.

É sempre designado um instrutor para cada procedimento disciplinar ou inquérito, o qual realiza os actos instrutórios e apresenta um relatório final, mas nada impede que o director avoque a qualquer momento o procedimento para se inteirar da sua tramitação e controlar o cumprimento do prazo para conclusão das diligências instrutórias[194].

6.2. Notícia da infracção – artigo 162º do RGEP

O conhecimento da infracção disciplinar pode advir ao director do estabelecimento prisional por diversas vias.

O próprio director pode ter presenciado a sua prática, mas na generalidade dos casos é um funcionário que lhe comunica a sua existência.

[192] Podem surgir dúvidas sobre qual o director do estabelecimento prisional competente territorialmente no caso do recluso se encontrar transitoriamente num estabelecimento prisional diferente daquele a que está afecto, por exemplo, para acompanhar a audiência de julgamento. Fora desse caso, é inquestionavelmente competente o director do estabelecimento prisional ao qual o recluso se encontrar afecto no momento do cometimento da infracção.

[193] Actualmente designado por Director-Geral de Reinserção e Serviços Prisionais por via da fusão das duas anteriores direcções gerais.

[194] O legislador excluiu a possibilidade de os actos de instrução serem realizados pelo director do estabelecimento prisional, o que garante um maior distanciamento e imparcialidade no momento da decisão, a qual lhe compete. Sendo figuras referenciais de um estabelecimento prisional e decisivas na manutenção da ordem e disciplina, deve-se preservar a posição de autoridade tanto do director como do chefe de guardas, evitando-se o desgaste inerente a uma excessiva intervenção, com a consequente limitação na fase de mediação ou de resolução das questões mais relevantes.

É dever de qualquer funcionário dos serviços prisionais levantar auto de notícia sempre que presenciar ou tiver conhecimento de qualquer facto praticado por um recluso que constitua infracção disciplinar.

Tal auto de notícia tem um conteúdo legal vinculado, devendo dele constar:

a) A descrição do facto praticado;
b) O dia, a hora, o local e as circunstâncias do facto;
c) A identidade do autor da infracção;
d) Os meios de prova conhecidos, nomeadamente testemunhas;
e) A assinatura do funcionário que o lavrou, que também o deve datar – artigo 162º, nºs 1 e 2, do CEPMPL.

A notícia da infracção pode também resultar de denúncia, apresentada ao director ou a qualquer funcionário dos serviços prisionais, sendo que nesta última situação deve ser participada ao director até ao termo do dia útil seguinte ou imediatamente se as circunstâncias o exigirem[195]. Tal prazo é o mesmo que se aplica ao auto de notícia[196].

Portanto, a notícia da infracção pode ser transmitida ao director do estabelecimento através da forma de auto de notícia ou de participação disciplinar. O funcionário redige um auto de notícia quando presenciar ou tiver conhecimento dos factos. Se a existência dos factos lhe tiver sido comunicada através de denúncia, o funcionário elabora uma participação.

O auto de notícia ou a participação, assim lavrados, têm como destinatário o director do estabelecimento prisional, a quem devem ser apresentados no prazo legalmente estipulado.

6.3. Inquérito – artigo 163º do RGEP

Tanto no caso de a denúncia assumir a forma anónima como de o conhecimento dos factos por parte do director resultar de qualquer forma, não se segue imediatamente um procedimento disciplinar, mas sim um inquérito, destinado a investigar os factos[197].

[195] Artigo 162º, nº 3, do RGEP.
[196] Artigo 162º, nº 2, do RGEP.
[197] Artigo 162º, nº 4, do RGEP.

O legislador pretendeu rodear tais casos de algumas cautelas, não se seguindo imediatamente um procedimento disciplinar, mas uma fase interlocutória, à qual se pode seguir ou não um procedimento, conforme vier a ser decidido pelo director.

Nos termos do artigo 163º, nº 1, do RGEP, também o director do estabelecimento prisional deve mandar instaurar processo de inquérito quando o auto de notícia não identifique suficientemente o autor da infracção disciplinar mas haja indícios da prática desta.

Nesse caso, deve ser designado um instrutor para o inquérito e o mesmo deve estar concluído no prazo de dez dias úteis.

Durante o inquérito devem ser produzidos os meios probatórios necessários ao apuramento dos factos e à sua imputação subjectiva. Os actos processuais a levar a cabo têm uma tríplice finalidade: i) investigar a existência da infracção disciplinar; ii) determinar o seu agente e a responsabilidade dele; iii) descobrir e recolher provas.

A conclusão do inquérito efectiva-se com a elaboração, pelo instrutor, de um relatório final, no qual se descrevem os factos indiciados, o seu presumível autor, se conhecido[198], e as provas eventualmente recolhidas.

O objectivo do inquérito, enquanto acto preliminar, é a fundamentação de uma decisão de instaurar ou não um procedimento disciplinar. No fundo, trata-se de apurar se existe razão para *acusar* determinado recluso da prática de determinada infracção disciplinar.

Se existir fundamento para imputar a um recluso uma infracção disciplinar, o director manda instaurar procedimento disciplinar, o qual, por sua natureza, corre contra o recluso infractor.

6.4. Formas de processo – artigos 164º e 165º do RGEP

Segundo o disposto no artigo 110º, nº 1, do CEPMPL, a aplicação de medida disciplinar é precedida de procedimento escrito ou gravado, salvo tratando-se de repreensão escrita.

Não se compreende a ressalva quanto à repreensão escrita, pois não existe qualquer razão substancial para isentar a aplicação de tal medida disciplinar da necessidade de ser precedida de um procedimento formal destinado a permitir ao recluso a sua defesa. Mesmo sendo a menos grave,

[198] Artigo 163º, nº 2, do RGEP.

continua a ser uma medida disciplinar e a decisão que a aplica não é susceptível de impugnação, o que pode levar a alguma leviandade na sua aplicação e a prejudicar o recluso no seu percurso prisional[199]. Parece ter-se confundido a repreensão com a advertência, sendo que só relativamente a esta, por não ser uma medida disciplinar, se justifica a dispensa de um procedimento disciplinar.

Mais: se a sanção é aplicada sem ser precedida de procedimento disciplinar, isso significa que o recluso não foi ouvido e não pôde apresentar meios de defesa. Ora, a aplicação de uma medida disciplinar com violação dos direitos de audiência e de defesa é inconstitucional.

Com efeito, o nº 10 do artigo 32º da Constituição da República Portuguesa garante aos arguidos em quaisquer processos de natureza sancionatória, como é o caso do processo disciplinar penitenciário, os direitos de audiência e de defesa. Significa isto que é inconstitucional a aplicação de qualquer sanção em processo disciplinar sem que o arguido seja previamente ouvido e possa defender-se das imputações que lhe são feitas[200].

Portanto, mesmo que se aplique a medida disciplinar de repreensão escrita, é indispensável que a mesma tenha sido precedida de um procedimento disciplinar.

Posto isto, existem duas formas de processo: a comum e a abreviada.

A forma abreviada aplica-se quando a infracção tenha sido constatada em flagrante delito pelo funcionário que levantou o auto de notícia. O flagrante delito tem aqui o mesmo significado que em processo penal, assim se considerando a infracção que se está cometendo ou acabou de cometer ou a situação em que o agente, logo após a infracção, foi perseguido ou encontrado com objectos ou sinais que demonstrem claramente que acabou de a cometer ou de nela participar.

Em todas as demais situações aplica-se a forma comum, ou seja, tem natureza residual, embora corresponda, na prática, à grande maioria dos procedimentos mandados instaurados.

199 Tal ressalva induz o aplicador à ideia errada de que a advertência e a repreensão são realidades próximas e que é apenas uma questão de graduação entre as duas, o que não corresponde à realidade. Uma é uma medida disciplinar e a outra não, pelo que têm um campo de aplicação bem distinto.

200 Neste sentido, Jorge Miranda/Rui Medeiros, *Constituição da República Portuguesa Anotada*, Coimbra Editora, 2005, pág. 363.

No fundo, o critério que preside à distinção das duas formas processuais assenta na suficiência dos meios probatórios. Na forma abreviada os factos foram praticados em flagrante delito e a imputação aparenta ser clara e de fácil demonstração.

A forma de processo abreviada cessa no caso de o recluso não confessar os factos que lhe são imputados no momento da sua obrigatória audição. Nesse caso, passa o procedimento a seguir a forma comum.

6.5 Despacho liminar

Sendo presente ao director do estabelecimento prisional a notícia da infracção, deve ser proferido despacho contemplando uma das seguintes hipóteses:

a) Abertura de inquérito para investigação dos factos;
b) Instauração de procedimento disciplinar abreviado;
c) Instauração de procedimento disciplinar comum;
d) Aplicação de advertência;
e) Recurso à mediação;
f) Arquivamento, caso se conclua que o facto não constitui infracção disciplinar.

Sendo caso para merecer a instauração de procedimento disciplinar, logo que lhe seja presente o auto de notícia ou o inquérito concluído, o director do estabelecimento determina a respectiva abertura e nomeia instrutor, de preferência jurista. Se não for um jurista, deve sempre que possível ser nomeado um funcionário pertencente a grupo profissional diverso daquele onde se integre o autor do auto de notícia[201].

Nesse despacho inicial, caso se afigure necessário e indispensável, pode o director determinar, fundamentadamente, a imposição de medida cautelar adequada para impedir a continuação da infracção ou a perturbação da convivência ordenada e segura no estabelecimento prisional ou garantir a protecção de pessoa ou a preservação de meios de prova[202]. Em concreto, essas medidas cautelares podem consistir em proibições de contactos ou

[201] Artigos 165º, nº 2, e 168º, nº 3, do RGEP.
[202] Artigos 165º, nº 3, do RGEP e 111º, nº 1, do CEPMPL.

de actividades ou, nos casos mais graves, em confinamento, no todo ou em parte do dia, em alojamento individual. Pode igualmente ser determinada a mudança do infractor ou da vítima para outra cela, situada eventualmente noutra ala, consoante as necessidades inerentes ao caso concreto.

Caso não tenham sido tomadas medidas cautelares ou se aquelas que foram determinadas se tenham revelado insuficientes, o instrutor pode a qualquer momento suscitar a adopção de outras medidas. Esse poder de promoção por parte do instrutor deve ser usado sempre que necessário, pois não é raro as implicações dos factos só serem inteiramente perceptíveis durante a instrução. Em sentido inverso, recai sobre o instrutor o dever de propor ao director do estabelecimento prisional a imediata cessação das medidas cautelares logo que conclua que não são necessárias[203].

6.6. Instrução – artigo 166º do RGEP

Nomeado o instrutor do procedimento disciplinar e sendo-lhe este presente, profere despacho a fixar todas as diligências que previsivelmente careça de realizar, tendo presente o prazo de dez dias úteis imposto para a duração do procedimento. Tal prazo inicia-se com o despacho do director que determina a instauração do procedimento disciplinar e não com o primeiro acto do instrutor ou a redacção do auto de notícia.

Esse prazo deve nortear a apreciação da necessidade e pertinência dos concretos actos instrutórios, designadamente:

a) Interrogatório do recluso contra quem corre o procedimento;
b) Inquirição das testemunhas;
c) Junção do registo disciplinar, relevante para a apreciação da eventual situação de reincidência disciplinar, bem como para a escolha da medida da sanção e a duração desta;
d) Exame e descrição dos objectos relacionados com a infracção;
e) Junção de relatórios de testes de despistagem de consumo de álcool e de estupefacientes.

Se no decurso da instrução do procedimento o instrutor formar a convicção de que não foi praticada qualquer infracção disciplinar, como não

[203] Artigo 166º, nº 6, do RGEP.

se devem praticar actos inúteis ou supérfluos, cessa a instrução e elabora relatório final, concluindo pelo arquivamento do processo.

Caso das diligências de prova produzidas resulte que foi outro recluso o autor da infracção disciplinar, o procedimento deve ser convolado contra ele, ouvindo-se o mesmo e facultando-lhe o direito de apresentar meios de prova e de defesa.

Na forma de processo abreviada, os actos instrutórios a praticar pelo instrutor resumem-se à audição do recluso e à junção aos autos do registo disciplinar. Nesse caso, o instrutor informa o recluso dos factos constantes do auto de notícia e pergunta-lhe se pretende confessá-los. Se o recluso confessar integralmente e sem reservas os factos imputados, do que é lavrado auto, o processo é concluso ao director do estabelecimento prisional com a proposta do instrutor acompanhada do registo disciplinar daquele.

Caso o recluso declare que não pretende confessar, o processo passa a seguir a forma comum, devendo o instrutor proferir despacho a fixar o objecto da instrução.

Concluídos os actos instrutórios, no âmbito da forma comum, o instrutor elabora relatório final, concluindo com uma proposta de decisão.

Nesse relatório o instrutor descreve resumidamente as diligências realizadas e o seu resultado, fixa com precisão os factos que considera provados, proceder à sua valoração jurídica e elabora proposta final fundamentada, propondo o arquivamento do processo ou a aplicação de medida disciplinar. Tendo os factos relevância disciplinar, se for o caso, deve motivar o indeferimento das provas requeridas pelo recluso e os factos alegados por este que considere não demonstrados, e proceder à valoração jurídica dos mesmos para integrar a infracção que considere cometida, precisando a responsabilidade do recluso assim como a medida disciplinar a impor[204].

Os factos indicados no relatório têm de ser congruentes com aqueles que se imputaram ao recluso e sobre os quais foi ouvido, sob pena de violação dos direitos de defesa acolhidos no artigo 110º, nº 2, do CEPMPL.

[204] Já Marcello Caetano, no seu Manuel de Direito Administrativo, 6ª edição, pág. 527, referia que «a 3ª fase é de apreciação e resolução e pode ser mais ou menos complexa. (...) Se o processo foi organizado por um instrutor, este, concluída a defesa, terá de elaborar um relatório "completo e conciso". Nesse relatório a tarefa principal é a de indicar quais os factos provados e não provados; e quanto aos factos provados, fazer a sua qualificação jurídica, esclarecendo se constituem ou não infracções disciplinares e, no caso afirmativo, em que circunstâncias se produziram e qual o seu grau e gravidade.».

É também útil, mas não indispensável, que no relatório se indiquem as medidas cautelares adoptadas durante a tramitação do procedimento, em especial a de confinamento ao alojamento, o que permitirá que não seja esquecido o desconto/atenuação na duração da sanção a aplicar.

6.7. Audiência e defesa do arguido – nº 2 do art. 110º do CEPMPL

A audição do recluso é o acto fundamental e insuprível da instrução de um procedimento disciplinar.

A audiência do arguido constitui um dos direitos de audiência e de defesa consagrados nos artigos 269º, nº 3, e 32º, nº 10[205], da Constituição da República Portuguesa.

Tal direito compreende:

a) A informação dos factos que lhe são imputados;
b) A faculdade de ser assistido por advogado;
c) A possibilidade de expressar a sua posição sobre os factos que lhe foram imputados;
d) A faculdade de apresentar provas para a sua defesa.

Em primeiro lugar, o direito de audiência só se pode considerar cumprido se tiverem sido comunicados ao recluso, por forma adequada, os factos que lhe são imputados.

O recluso tem de conseguir perceber, de forma clara e inequívoca, quais os factos de que está a ser acusado de ter cometido.

Tanto o CEPMPL como o RGEP não estabelecem a forma como deve ser transmitida ao recluso a imputação dos factos, limitando-se a dispor que «o recluso é informado dos factos que lhe são imputados».

Tem sido prática corrente, no momento do interrogatório, comunicar verbalmente ao recluso os factos que lhe são imputados, sem que fique a constar no respectivo auto que factos concretos são esses.

Tal procedimento não é correcto e não assegura o direito de defesa. Como diz o brocardo popular, "palavras leva-as o vento" e o interrogatório é sempre um momento de grande tensão para o recluso. Daí que seja indispensável que o acto fique documentado por escrito, sendo que, no mínimo, deve ser

[205] V. o exposto a propósito das formas de processo.

entregue uma cópia do auto de notícia. Mas o mais curial, até por os autos de notícia nem sempre serem bem elaborados, é a redacção por escrito dos factos, sob a forma de uma concisa "acusação" que se junta ao procedimento e da qual é entregue cópia ao recluso. Em alternativa, podem-se ditar para o auto, no início da diligência, os factos imputados, comunicados ao recluso no acto, o qual fica ciente dos mesmos e pode posteriormente, através do confronto com a cópia, requerer diligências de prova.

A faculdade de o arguido ser assistido por advogado efectiva-se através da notificação de que tem esse direito. Essa notificação é feita simultaneamente com a comunicação da data designada para o interrogatório.

Nesse caso, se o arguido declarar que pretende ser assistido por advogado, a data para o interrogatório é-lhe notificada com, pelo menos, três dias úteis de antecedência – artigo 166º, nº 3, do RGEP.

Recai sobre o recluso o ónus de contactar o seu advogado e assegurar a sua presença na data designada para o interrogatório, sendo-lhe facultado o contacto telefónico com o mesmo.

Comunicados os factos que lhe são imputados, o recluso pode pronunciar-se sobre os mesmos, ficando as suas declarações gravadas ou registadas por escrito, caso em que o auto é assinado por todos intervenientes.

Essa pronúncia é uma das duas formas que assume o direito de defesa. A outra é a possibilidade de «apresentar provas para sua defesa» - artigo 110º, nº 3, do CEPMPL.

Não está estabelecida qualquer limitação aos meios de prova. Podem, em abstracto, ser produzidas as provas legalmente admissíveis, com remissão para o processo penal.

Todavia, não se pode perder de vista que o procedimento disciplinar deve estar concluído em dez dias úteis, pelo que é necessário que o instrutor formule um juízo de pertinência e adequação sobre os meios de prova cuja produção for requerida pelo recluso.

Em todo o caso, ao recluso assiste, até ao termo do processo, a possibilidade de oferecer as provas que entenda úteis à sua defesa.

6.8. Decisão

Terminada a fase de instrução e elaborado o relatório final pelo instrutor, o procedimento disciplinar é apresentado ao director do estabelecimento prisional.

Nesse momento, o director deve apreciar da regularidade da respectiva tramitação, se inexistem causas de invalidade do procedimento e, por fim, formular um juízo sobre a suficiência dos elementos constantes dos autos.

Na sequência dessa apreciação preliminar, o director pode ordenar o suprimento de actos omitidos, a repetição de actos irregulares ou inválidos e a realização de diligências de instrução que considere necessárias para permitir o conhecimento do mérito do procedimento.

Caso conclua pela regularidade e suficiência do procedimento, o director pode convocar o conselho técnico[206] ou proferir de imediato a decisão final.

É rara a convocação do conselho técnico, situação que emerge de uma deficiente compreensão da finalidade que preside à sua realização. O conselho técnico interno[207] deve ser convocado em todos os casos em que a discussão da situação com as pessoas que acompanham a execução da medida privativa da liberdade possa contribuir para a determinação da espécie da medida disciplinar e a graduação desta. Tem como escopo principal a recolha de informações que permitam ao director adequar a sanção disciplinar ao recluso e às suas circunstâncias e características.

Ultrapassada essa fase eventual de audição do conselho técnico, o director profere decisão, cujo conteúdo e forma não são regulados directamente por qualquer disposição do CEPMPL ou do RGEP.

O ideal é que a decisão se aproxime da estrutura de uma sentença penal, sobretudo na fixação dos factos, motivação dos mesmos, subsunção às disposições legais aplicáveis e determinação das respectivas consequências jurídicas, terminando pela fixação da medida disciplinar.

Sendo um acto administrativo, a decisão, até por imposição constitucional[208], carece de fundamentação expressa e acessível ao destinatário.

Tal fundamentação, que também é imposta pelo disposto nos artigos 110º, nº 4, do CEPMPL e 167º, nº 5, do RGEP, respeita aos factos e ao direito

[206] Artigos 112º, nº 3, do CEPMPL e 167º, nº 2, do RGEP.

[207] O conselho técnico interno é presidido pelo director do estabelecimento prisional. Deste conselho técnico se distingue o previsto nos artigos 142º e 143º do CEPMPL, sendo este último, que poderemos de designar de externo por dele participarem pessoas exteriores ao estabelecimento prisional, um órgão auxiliar do tribunal de execução das penas, o qual é presidido pelo respectivo juiz. O conselho técnico externo tem por função, principal e caracterizadora, emitir parecer sobre a concessão de liberdade condicional, de liberdade para prova e de licenças de saída jurisdicionais.

[208] Artigo 268º, nº 3, da CRP.

aplicável. Trata-se de expor os motivos de facto e de direito da decisão, de forma sóbria, clara, simples e concisa. Não se pode perder de vista que o destinatário da decisão é um concreto recluso, pelo que a fundamentação tem de ser facilmente compreensível pelo mesmo, sobretudo se as suas habilitações literárias forem reduzidas, caso em que deve ser feito um esforço suplementar na redacção da decisão.

Caso conclua pela existência de responsabilidade disciplinar, a fundamentação factual envolve sempre a indicação dos factos apurados e as razões por que se consideram provados. A fundamentação de direito, ainda que sintética, deve no mínimo conter a qualificação jurídica dos factos, com indicação da infracção que se considera cometida e uma apreciação, com recurso aos critérios definido no nº 3 do artigo 105º do CEPMPL, sobre a escolha e a determinação da duração da medida disciplinar. Sempre que conclua pela existência de reincidência disciplinar, de concurso de infracções ou de infracção disciplinar continuada, tem de ser explícita sobre a respectiva qualificação. Escolhida a sanção disciplinar, o decisor deve ter presente a respectiva moldura disciplinar, tal como resulta do disposto no artigo 105º, nºs 1 e 4, do CEPMPL. Na individualização da sanção, caso se trate de permanência obrigatória no alojamento ou de internamento em cela disciplinar, deve levar em conta a medida cautelar eventualmente cumprida na pendência do procedimento disciplinar, efectuando o respectivo desconto/atenuação. Finalmente, ainda na parte da fundamentação jurídica, se estiver em causa uma infracção disciplinar simples e for de concluir que a simples censura do facto e a ameaça da sanção realizam de forma adequada e suficientes as suas finalidades, o director deve, justificando-o, suspender a execução da medida disciplinar pelo período máximo de três meses.

A decisão disciplinar deve terminar com a solução jurídica do procedimento disciplinar, exposta de forma directa, seca e simples, traduzida na indicação da medida disciplinar que aplica ao recluso. O dispositivo é a expressão de um comando, ou seja, de uma ordem proferida no exercício de um poder de autoridade.

No caso de concluir pela inexistência de responsabilidade disciplinar, a estrutura da decisão deve reduzir-se ao essencial, que é a declaração resumida de tal inexistência, com o consequente arquivamento do procedimento disciplinar.

Como a decisão é precedida de uma proposta de decisão, contida no relatório do instrutor, o qual é necessariamente fundamentado de facto e de direito, pode o director do estabelecimento prisional fundamentar a sua decisão por remissão para o referido relatório[209]. Tal forma de fundamentar a decisão é admitida pelo artigo 153º, nº 1, do Código de Procedimento Administrativo, e consiste em mera declaração de concordância com os fundamentos do relatório do instrutor. Pode ser total ou restrita: no primeiro caso há uma adesão global aos fundamentos de facto e de direito e à própria proposta de decisão[210]; no segundo caso pode restringir-se a parte da estrutura do relatório, sendo discerníveis duas hipóteses, uma relativa à matéria de facto e respectiva motivação, e outra à matéria de facto e à de direito, com autonomização do dispositivo. Pode sempre o decisor desenvolver argumentos adicionais aos que constam do relatório.

A remissão para o relatório do instrutor, enquanto forma de fundamentar, deve ser expressa e inequívoca, para não suscitar ao recluso dúvidas sobre quais são as razões de facto e jurídicas da decisão. Pressupõe a existência de um relatório suficientemente fundamentado, contendo a exposição dos fundamentos de facto e de direito necessários à formulação de uma proposta de decisão. Deve-se evitar a decisão por adesão quando a remissão, ou a forma como é feita, for susceptível de tornar a decisão obscura, contraditória ou insuficiente.

É importante notar que o director do estabelecimento prisional não está por qualquer forma vinculado ao relatório do instrutor ou à proposta de decisão. Desde logo, pode aplicar medida disciplinar diferente da proposta pelo instrutor, tal como resulta do disposto no artigo 167º, nº 3, do RGEP, o que pressupõe a respectiva fundamentação autónoma. Mas, além disso, nada impede que o director proceda a uma diferente avaliação dos meios de prova, considerando provada diferente matéria de facto, e que subsuma os factos a diferentes disposições legais.

[209] Não se pode perder de vista que estamos no âmbito do direito administrativo, pese emboras as especificidades que o CEPMPL e o RGEP atribuem a determinados actos e à respectiva tramitação.

[210] Pode exprimir-se do seguinte modo: «Pelos fundamentos de facto e de direito constantes do relatório do instrutor do procedimento disciplinar, aplico ao recluso a medida disciplinar...».

6.9. Actos complementares da decisão

A decisão final é notificada ao recluso e ao seu advogado, quando o tenha.

O recluso é pessoalmente notificado da decisão, enquanto o defensor é notificado por carta registada[211] endereçada para o domicílio indicado na procuração.

Há que distinguir consoante a decisão conclua pela inexistência de responsabilidade disciplinar ou aplique qualquer medida disciplinar. No primeiro caso, a notificação basta-se com a comunicação do despacho de arquivamento do procedimento disciplinar, sem ser acompanhada do relatório do instrutor. No segundo caso, o conteúdo do acto depende de a decisão ter remetido ou não para o relatório do instrutor. Existindo remissão para o relatório, qualquer que ela seja, a notificação deve conter cópia daquele e da decisão, pois o nº 5 do artigo 167º do RGEP enfatiza que "inclui toda a respectiva fundamentação". Se a decisão for absolutamente autónoma do relatório e reunir todos os requisitos de suficiência, não é necessário incluir cópia do relatório na notificação.

Em todo o caso, como a regra é haver uma certa interdependência entre a decisão e o relatório, o mais adequado é a notificação incluir cópia de ambos os actos.

Na notificação deve constar a expressa menção de que a decisão pode ser impugnada junto do tribunal de execução das penas. Complementarmente, é útil a indicação do prazo para impugnação, embora não seja uma formalidade legalmente prescrita.

A aplicação da sanção disciplinar deve ser averbada no processo individual do recluso[212] e, por imposição do disposto nos artigos 172º do RGEP e 3º, nº 1, alínea j), do Decreto-Lei nº 144/2001, de 26 de Abril, no Sistema de Informação Prisional, enquanto base de dados com tratamento automatizado relativa a pessoas penalmente privadas da liberdade.

Tanto a suspensão da execução da medida disciplinar como a execução desta são acompanhadas no processo disciplinar, onde devem constar os respectivos incidentes.

[211] Nada impede que a notificação ao defensor seja feita pessoalmente, caso este, por qualquer razão, se encontre presente no estabelecimento prisional.

[212] Artigo 110º, nº 4, do CEPMPL.

Terminada a execução da medida disciplinar, os autos devem ser conclusos ao director do estabelecimento prisional para ordenar o arquivamento do processo disciplinar.

VII - O CONTROLO JURISDICIONAL

7.1. Razões de ordem

Mais do que o mero controlo jurisdicional do poder disciplinar penitenciário, considera-se adequado desenvolver nesta rúbrica a matéria da impugnação da globalidade das decisões dos serviços prisionais e não apenas das que aplicam medidas disciplinares.

Em primeiro lugar, por as questões que se colocam na impugnação das medidas disciplinares serem em grande parte comuns à impugnação de outras decisões dos serviços prisionais.

Em segundo lugar, dada a sua frequência, tem uma grande relevância prática para quem procura compreender esta matéria.

Em terceiro lugar, muitas das decisões traduzem actos quase-disciplinares e existe a necessidade de discutir tal matéria, fixar a sua verdadeira natureza e razão de ser e proporcionar conhecimento para uma correcta reacção à sua aplicação.

Em quarto lugar, por em regra estarem em causa direitos fundamentais e estes constituírem um limite ao exercício da acção disciplinar quer do ponto de vista substantivo quer do ponto de vista processual.

7.2. Conceito de impugnação

A impugnação é um meio judicial de reacção contra determinadas decisões dos serviços prisionais.

Trata-se da consagração do direito do recluso enunciado no artigo 7º, nº 1, al. m), do Código da Execução das Penas e Medidas Privativas da Liberdade. O recluso tem o direito de impugnar perante o tribunal de execução das penas a legalidade de decisões dos serviços prisionais.

Além do recluso, podem determinadas decisões ser impugnadas pelo Ministério Público. Com efeito, constitui dever do Ministério Público impugnar as decisões dos serviços prisionais que considere ilegais, dentre aquelas que lhe são submetidas à sua apreciação no âmbito do processo de verificação da legalidade. Ou seja, as decisões que são obrigatoriamente comunicadas ao Ministério Público, dando origem a um processo de verificação da legalidade, podem ser impugnadas por este sujeito processual.

7.3. Impugnação pelo recluso

Podem ser impugnadas pelo recluso as seguintes decisões:

a) Aplicação das medidas disciplinares de permanência obrigatória no alojamento e de internamento em cela disciplinar – artigo 114º, nº 1, do CEPMPL;
b) Não autorização e proibição de visita (ou de prorrogação da proibição de visita) – artigo 65º, nº 5, do CEPMPL;
c) Proibição ou restrição de contactos telefónicos – artigo 70º, nº 5, do CEPMPL;
d) Proibição de contactos (entrevistas) com órgãos de comunicação social – artigo 75º, nº 4, do CEPMPL;
e) Revogação de licença de saída administrativa – artigo 85º, nº 2, do CEPMPL;
f) Colocação e manutenção do recluso em regime de segurança[213].

[213] Embora não conste da lei, é hoje uniformemente admitida a impugnação de decisões que coloquem ou mantenham reclusos em regime de segurança. Teve imediato acolhimento por todos os juízes dos tribunais de execução das penas o Acórdão do Tribunal Constitucional nº 20/2012, de 12 de Janeiro. Tal acórdão tem como antecedente a decisão do Tribunal Europeu dos Direitos do Homem, que incidiu sobre denominado caso Stegarescu et Bahrin contra Portugal, no âmbito da queixa nº 46194/06, onde estava em causa a manutenção de dois cidadãos moldavos em regime de segurança.

7.4. Impugnação pelo Ministério Público

São susceptíveis de impugnação pelo Ministério Público as seguintes decisões:

a) Colocação e manutenção do recluso em regime de segurança – artigo 15º, nº 6, do CEPMPL;
b) Retenção de correspondência e não comunicação ao recluso daquela retenção - artigo 69º, nº 2, do CEPMPL;
c) Manutenção do recluso em cela de separação (meio especial de segurança) – artigo 92º, nº 6, do CEPMPL;
d) Colocação do recluso em quarto de segurança (meio especial de segurança) - artigo 93º, nº 3, do CEPMPL.

Todas as referidas decisões devem ser obrigatoriamente comunicadas ao Ministério Público, sem exceder vinte e quatro horas, acompanhadas dos elementos que serviram de base à decisão – artigo 198º do CEPMPL.

A comunicação de uma decisão com esse conteúdo dá origem à autuação de um processo de verificação da legalidade – artigos 197º, 141º, al. b), e 155º, nº 1, do CEPMPL.

Nesse processo, o Ministério Público assume uma de duas posições:

a) Profere despacho de arquivamento se concluir pela legalidade da decisão objecto de apreciação; ou,
b) Impugna a decisão, caso a considere ilegal[214].

A impugnação, quando da iniciativa do Ministério Público, tem como finalidade exclusiva a anulação da decisão e não também a sua alteração.

É tramitada nos próprios autos de verificação da legalidade, que são convolados em processo de impugnação, aproveitando-se os actos processuais anteriormente praticados[215].

[214] Artigo 199º do CEPMPL.

[215] Alínea b) do artigo 199º do CEPMPL.

7.5. Competência

A impugnação deve ser deduzida perante o tribunal de execução das penas em cuja área territorial de competência se situar o estabelecimento prisional a que o recluso se encontre afecto.

O facto de a impugnação dever ser apresentada perante o tribunal de execução das penas tem desde logo duas consequências:

Só se considera apresentada quando dá entrada na secretaria do tribunal de execução das penas, o que desde logo releva para efeitos de apreciação da sua tempestividade.

Caso o recluso tenha constituído advogado, carece de fundamento e de sentido útil a apresentação junto do estabelecimento prisional ou da entidade que proferiu a decisão que se pretende impugnar.

No caso de o recluso não estar representado por advogado, importa levar em conta o disposto no artigo 12º da Portaria nº 286/2013, de 9 de Setembro, onde se estabelece competir aos serviços do estabelecimento prisional, da área de execução das penas e jurídica, «enviar ao Tribunal de Execução das Penas as impugnações apresentadas pelos reclusos». Portanto, nesse caso, o recluso impugnante entrega a impugnação no estabelecimento prisional recaindo sobre os serviços administrativos o dever de proceder à sua imediata remessa ao tribunal de execução das penas[216]. Na hipótese de existir algum atraso na remessa pelos serviços administrativos, deve-se considerar como relevante a data em que o recluso entregou a impugnação no estabelecimento prisional, ponderando o particular condicionalismo inerente à reclusão do impugnante.

7.6. Prazos

Caso se trate de decisão disciplinar, o prazo de impugnação é de cinco dias a contar da data da notificação da decisão – artigo 203º, nº 1, do CEPMPL.

Nos demais casos, o prazo para impugnar é de oito dias a contar da notificação da decisão ao recluso ou da sua comunicação ao Ministério Público.

[216] Segundo o disposto no artigo 126º do RGEP, os serviços do estabelecimento prisional devem assegurar a expedição da correspondência que lhe seja entregue pelo recluso até ao termo do segundo dia útil subsequente à data dessa entrega.

7.7. Efeitos e objecto da impugnação

Emprega-se a palavra "efeito" no sentido de consequência da interposição da impugnação na exequibilidade da decisão dos serviços prisionais.

Regra geral, a impugnação não tem efeito suspensivo, ou seja, não impede a execução da decisão. Por exemplo, na proibição de uma visita, enquanto a impugnação não for apreciada, mantém-se a impossibilidade de o recluso ser visitado por determinada pessoa. Sempre que o CEPMPL nada diga sobre o efeito, este será meramente devolutivo, embora não empregue tal terminologia – artigo 202º, nº 1, do CEPMPL.

O Código apenas atribui expressamente o efeito suspensivo à impugnação das medidas disciplinares de permanência obrigatória no alojamento e de internamento em cela disciplinar – artigo 114º, nº 2, do CEPMPL.

O objecto ou efeito útil final prosseguido com a impugnação pelo Ministério Público é exclusivamente a anulação da decisão dos serviços prisionais.

A impugnação deduzida pelo recluso tanto pode conduzir à anulação da decisão como à sua alteração.

Em caso algum pode a decisão da impugnação conduzir a um agravamento da medida disciplinar, tanto em termos quantitativos (um período mais alargado de medida disciplinar) ou qualitativos (em vez de permanência obrigatória no alojamento, aplicação de internamento em cela disciplinar), em conformidade com a proibição de *reformatio in pejus* consagrada no artigo 210º do CEPMPL.

A mesma argumentação é válida no caso de impugnação de decisões não disciplinares, traduzidas em restrições de direitos. Desde logo, isso resulta do facto de a apreciação do tribunal de execução das penas estar delimitada em função do pedido deduzido na impugnação, sem prejuízo do dever de conhecer das causas de invalidade que afectem a decisão impugnada. Depois, é de notar que o tribunal de execução das penas intervém em sede de reacção contra uma concreta decisão, pelo que não dispõe de competência (a competência disciplinar é dos serviços prisionais, não do tribunal) para restringir, ainda mais, os direitos que através da impugnação se pretendem exercer.

É problemática a delimitação dos casos que geram a anulação da decisão dos que devem conduzir à sua alteração.

Não gera dúvida o caso de decisão impugnada cuja invalidade a afecta no seu todo, que só pode acarretar a sua anulação. Apontam-se como exemplos as decisões disciplinares tomadas com preterição de formalidades essenciais ou sem exposição da respectiva fundamentação.

Nos demais casos o sentido da decisão deve estar de harmonia com a pretensão deduzida pelo recluso. Por exemplo, se a impugnação visa a redução do período da medida disciplinar é sobre isso que o juiz se deve pronunciar. O mesmo argumento é válido no caso de o recluso concluir na impugnação pela aplicação de uma medida disciplinar menos grave, atento o escalonamento previsto no nº 1 do artigo 105º do CEPMPL.

O juiz de execução das penas só se pode decidir pela alteração da decisão disciplinar impugnada se tiver sido pedida ou se estiver subjacente à argumentação exposta na impugnação, conduzindo assim, na sua aplicação prática, a uma modificação menos gravosa da espécie ou medida.

Nos demais casos, caso se verifiquem fundamentos conducentes à procedência, deve ser anulada a decisão disciplinar, permitindo assim ao autor da decisão impugnada a eventual repetição do acto.

7.8. Requisitos de forma

Embora não deva obedecer a formalidades especiais, a impugnação deve conter uma sucinta exposição das razões de facto ou de direito que justificam a reacção contra a decisão dos serviços prisionais.

Deve terminar com a dedução de um pedido, necessariamente de anulação da decisão ou da sua alteração e, neste último caso, em que termos.

Versando matéria de direito, caso em que a impugnação deve ser subscrita por advogado se o impugnante for o recluso[217], devem ser indicadas as normas jurídicas que entende terem sido violadas pela decisão disciplinar.

Se os fundamentos da impugnação versarem sobre a matéria de facto, deve indicar, após a formulação do pedido, os meios de prova que pretende ver produzidos.

Caso a impugnação seja omissa, deficiente, obscura ou ininteligível a conclusão, o juiz pode convidar o impugnante a aperfeiçoá-la.

[217] Artigo 147º, nº 2, do CEPMPL.

Tal convite ao aperfeiçoamento deve ser feito quando o vício não for suficientemente grave que ponha em causa toda a estrutura da impugnação, ou seja, se pela respectiva análise se concluir que é susceptível de ser suprido.

7.9. Despacho liminar

Apresentada a impugnação, caso verse sobre uma decisão disciplinar, a secretaria deve oficiosamente solicitar imediatamente, por meio expedito, aos serviços prisionais a remessa de cópia do procedimento disciplinar e de relatório médico, se o houver. Tal cópia é relevante para apreciar se a impugnação é tempestiva, admissível ou dispõe de condições para proceder.

No despacho liminar o juiz pode tomar uma de três decisões:

a) Convidar o impugnante a aperfeiçoar a impugnação;
b) Rejeitar a impugnação por intempestiva, inadmissível ou manifestamente improcedente;
c) Admitir a impugnação e ordenar a notificação do autor da decisão impugnada, bem como o Ministério Público quando não seja o impugnante, para querendo, se pronunciarem no prazo de cinco dias[218].

Incindido a impugnação sobre uma decisão disciplinar, o seu efeito é suspensivo, revestindo a sua tramitação natureza urgente e com preferência sobre qualquer outra diligência – artigo 202º, nº 2, do CEPMPL.

Nos demais casos a impugnação não tem efeito suspensivo nem natureza urgente, embora seja de considerar que em alguns casos se justifica a atribuição pelo juiz de natureza urgente, ponderando a gravidade da situação e o prejuízo substancial que a demora possa causar ao recluso – artigos 202º, nº 1, e 151º, nº 2, do CEPMPL.

[218] Artigos 204º, nº 1, e 205º, nº 1, do CEPMPL.

7.10. Meios de prova

Podem ser produzidos todos os meios de prova admissíveis em processo penal.

Todavia, importa ter presente que no caso de ter por objecto uma decisão disciplinar, a impugnação tem natureza urgente e está em curso um prazo de prescrição da medida disciplinar[219], pelo que o juiz deve procurar compatibilizar a produção dos meios de prova com o curto período de tempo disponível para instrução e decisão dos autos.

Por isso, a ponderação de todos os interesses deve levar o juiz a indeferir a repetição de meios de prova já produzidos durante o procedimento disciplinar, salvo se for alegado um fundamento relevante para tal repetição.

Em todo o caso, o juiz deve indeferir, por despacho que é irrecorrível, a produção de meios de prova que se afigurem dilatórios ou sem interesse para a decisão a proferir.

Em contraposição, na procura da verdade material, o juiz pode determinar oficiosamente a realização das diligências de prova que entender necessárias.

7.11. Questões controvertidas

7.11.1. Será o prazo para impugnar judicialmente a decisão dos serviços prisionais "prorrogável" nos termos dos artigos 107º, nº 5, e 107º-A do CPP?

A questão que se coloca consiste em saber se o acto de impugnar pode ser praticado dentro dos três primeiros dias úteis subsequentes ao termo do prazo, mediante o pagamento de multa.

Para a resolução da apontada questão é decisiva a consideração da natureza do prazo para impugnar judicialmente a decisão dos serviços prisionais.

O artigo 152º, nº 2, do CEPMPL estabelece que à contagem dos prazos para a prática de actos processuais são aplicáveis as disposições da lei do processo civil.

[219] Artigo 115º, nº 3, do CEPMPL.

Significa isto que os prazos previstos no CEPMPL são contínuos, suspendendo-se durante as férias judiciais, salvo se se tratar de actos a praticar em processos que a lei considere urgentes.

A impugnação de decisões que aplicam medidas disciplinares tem natureza urgente, pelo que não se suspendem em férias.

Que é um prazo peremptório não subsistem dúvidas, ou seja, o seu decurso extingue o direito de praticar o acto.

Quanto à natureza do prazo para impugnação, no processo civil e, por inerência, noutros ramos de direito adjectivo, é relevante a distinção entre prazo judicial e prazo substantivo. Só relativamente ao prazo judicial é admissível a prática do acto num dos três dias úteis subsequentes ao seu termo.

A função do prazo judicial consiste em regular a distância entre os actos do processo; é o prazo a que está sujeito qualquer acto a praticar dentro do processo e não fora dele. Pressupõe que já existe um determinado processo judicial «e destina-se ou a marcar o período de tempo de tempo dentro do qual há-de praticar-se um determinado acto processual (prazo peremptório), ou a fixar a duração duma certa *pausa*, duma certa dilação que o processo tem de sofrer (prazo dilatório)»[220].

O prazo para a interposição da impugnação judicial da decisão dos serviços prisionais é um prazo substantivo, de caducidade. Não tem a natureza de prazo processual ou judicial, pois não respeita à prática de um acto num processo judicial, o qual só se inicia com a introdução do processo em juízo. Antes da apresentação da impugnação em juízo não existe processo judicial, mas apenas um processo administrativo.

Portanto, não é aplicável ao prazo de impugnação da decisão dos serviços prisionais o regime de dilação da prática de actos processuais. Não lhe é aplicável o disposto nos artigos 107º, nº 5, e 107º-A do CPP, ou seja, a impugnação não pode ser apresentada dentro dos três primeiros dias úteis subsequentes ao termo do prazo, mediante o pagamento de multa.

[220] José Alberto dos Reis, *Comentário ao Código de Processo Civil*, Volume II, p. 57.

7.11.2. Renovação do prazo de prescrição

Como já se referiu no Capítulo II, o CEPMPL prevê a prescrição do procedimento disciplinar, que se extingue, por esse efeito, quando tiverem decorrido quatro ou seis meses a contar da data do cometimento da infracção, conforme se trata de infracções simples ou graves, respectivamente – artigo 115º, nº 1.

Essa prescrição interrompe-se com a comunicação ao recluso da instauração do procedimento disciplinar – artigo 115º, nº 2.

Coloca-se a questão de saber se após a comunicação ao recluso de que foi instaurado contra si um procedimento disciplinar este pode demorar, até ser concluído, mais de quatro ou seis meses, consoante se trate, respectivamente, de infracções simples ou graves.

Nos termos do nº 3 do artigo 110º do CEPMPL, o procedimento disciplinar é considerado urgente e deve ser concluído no prazo máximo de dez dias úteis.

Todavia, tal prazo de dez dias é meramente regulador ou ordenatório do procedimento disciplinar, não retirando daí a lei qualquer cominação para o seu incumprimento pelos serviços prisionais.

Por isso, subsiste como relevante a questão de saber o que sucede se, por exemplo, um procedimento disciplinar por facto consubstanciador de uma infracção disciplinar simples demorar mais de quatro meses a ser concluído, a contar da data da comunicação da sua instauração.

Foi claro propósito do legislador, ao estabelecer prazos curtos de prescrição - provavelmente até em demasia relativamente à prescrição da medida disciplinar - incutir celeridade na tramitação do procedimento disciplinar. Não se pode ignorar que o resultado de um procedimento disciplinar releva para vários efeitos, designadamente para a concessão de licenças de saída ou de liberdade condicional, para a colocação em regime de cumprimento de pena mais favorável ou para múltiplos aspectos em que se decompõe o percurso institucional e o próprio tratamento penitenciário. A indefinição disciplinar pode prejudicar seriamente o recluso.

Por isso, é pertinente a questão do efeito da prescrição e da renovação do prazo.

É sabido que a interrupção inutiliza para a prescrição todo o tempo decorrido anteriormente, começando a correr novo prazo a partir do acto interruptivo – v. artigos 326º, nº 1, do Código Civil e 121º, nº 2, e 126º, nº 2, do Código Penal.

Ponderando a natureza do interesse em questão e as referidas disposições legais, conclui-se que após a prática do acto interruptivo começa a correr novo prazo. Se tiver decorrido esse novo prazo sem que tenha sido proferida a decisão disciplinar, a responsabilidade disciplinar extingue-se por prescrição do procedimento, assim se protegendo o direito do recluso à definição da sua situação jurídica num prazo razoável.

7.11.3. Punibilidade da recusa de testes para detecção de consumos de álcool e de substâncias estupefacientes

Há quem defenda que tal recusa deve ser considerada apenas quando se têm de tomar decisões relativamente ao recluso, designadamente em sede de concessão de medidas de flexibilização da execução da pena ou para integração em actividades.

Tal entendimento não tem qualquer fundamento.

Constitui dever do recluso sujeitar-se a testes para detecção de consumos de álcool e de substâncias estupefacientes – artigo 8º, alínea g), do CEPMPL.

A violação dos deveres deve ter consequências. E tal dever foi consagrado tendo presente que o consumo de estupefacientes e bebidas alcoólicas é provavelmente o principal problema do sistema penitenciário, podendo subverter toda a estruturação do tratamento penitenciário, impedindo que este consiga alcançar os seus objectivos. A recusa impede a avaliação das necessidades e riscos próprios do recluso, bem como a tomada esclarecida de medidas para debelar eventual problema aditivo.

Estipula a alínea p) do artigo 103º do CEPMPL que constitui infracção disciplinar simples não cumprir os deveres impostos.

Portanto, a violação de tal dever constitui uma infracção disciplinar simples, a que são aplicáveis as medida disciplinares previstas nas alíneas a) a f) do nº 1 do artigo 105º do CEPMPL.

7.11.4. Medida disciplinar a aplicar no caso de agressões físicas

Perante a demonstração da existência de uma agressão física, verifica-se que na generalidade dos casos é aplicada aos reclusos a medida disciplinar de internamento em cela disciplinar.

Não se discute que a agressão de um recluso a outro é em princípio um acto grave, pois não é por se estar preso que determinadas condutas se tornam toleráveis.

Todavia, a agressão física é susceptível de ter várias graduações, pelo que não se podem tratar da mesma forma situações de diferente gravidade.

Tenho proposto que a aplicação da medida disciplinar de internamento em cela disciplinar apenas se restrinja aos seguintes casos:

a) Utilização de armas, nas suas múltiplas formas;
b) Quando da agressão resultem para a vítima lesões relevantes;
c) Reiteração de condutas agressivas;
d) A agressão se inserir num percurso de sucessiva prática de infracções disciplinares.

Em todas as demais situações, deve-se equacionar a aplicação de outra medida disciplinar, em especial da permanência obrigatória no alojamento.

7.12. Execução da decisão proferida na impugnação - os poderes coercitivos do TEP

Chamado a intervir através do processo de impugnação, o tribunal de execução das penas profere decisões, as quais são vinculativas para o recluso e os serviços prisionais. Essas sentenças são proferidas no âmbito do exercício do poder jurisdicional de controlo das decisões dos serviços prisionais que já atrás se descriminaram.

Na sentença, quando favorável ao recluso, o tribunal de execução das penas pode impor determinada actuação à administração prisional. Por exemplo, se o recluso tiver impugnado a restrição infundada imposta pelo director do estabelecimento prisional relativa a contacto telefónico ou visita de determinada pessoa, julgada procedente a impugnação, o tribunal de execução das penas pode impor que o contacto telefónico ou a visita decorra dentro de determinado prazo.

Se os serviços prisionais não executarem a sentença no prazo nela fixado, o impugnante[221] pode apresentar nos quinze dias subsequentes ao termo

[221] Que pode ser tanto o recluso como o Ministério Público.

daquele prazo, petição de execução no tribunal de execução das penas que a proferiu[222].

Está sempre em causa neste meio processual uma situação de inactividade dos serviços prisionais ou de não obediência plena à injunção judicial que lhes foi imposta.

A administração prisional incumpriu, total ou parcialmente, o que lhe foi determinado e o impugnante reage pedindo ao tribunal que seja executada a sentença.

O requerimento assume a forma de uma petição na qual o anterior impugnante assume agora a veste processual de exequente. Em rigor, trata-se de uma fase de execução da sentença, subsequente a esta e que é tramitada no processo de impugnação.

Esta fase processual inicia-se com um requerimento onde o exequente especifica os actos e operações que devam realizar-se para integral execução da sentença.

Se o requerimento não for inteiramente claro sobre o incumprimento, deve o tribunal convidar o exequente ao aperfeiçoamento, a fazer no prazo de cinco dias.

Se dos termos em que é formulada a petição resultar a existência de algum incumprimento da decisão proferida na impugnação[223], o juiz ordena a notificação da entidade obrigada à execução da sentença, para responder no prazo de oito dias. Caso o Ministério Público não seja o exequente, é também notificado para se pronunciar, enquanto entidade responsável pela defesa da legalidade.

Haja ou não resposta, decorrido o prazo para o efeito, o tribunal ordena as diligências instrutórias que considere necessárias, podendo ser indispensável proceder à produção de meios de prova, sejam eles requeridos pelo exequente ou pela entidade executada.

Segue-se a prolação de decisão e, se for julgada procedente a pretensão do autor, o tribunal:

a) Especifica os actos e operações a realizar para dar execução à sentença; e

[222] Artigo 212º, nº 1, do CEPMPL.

[223] Se dos próprios termos da petição resultar a inexistência de qualquer espécie de incumprimento, a pretensão deve ser rejeitada.

b) Fixa o prazo para a prática dos mesmos[224].

Se decorrido o prazo fixado a entidade obrigada à execução não tiver dado execução à sentença, o tribunal de execução das penas, oficiosamente ou a requerimento do exequente, manda notificar o titular de poderes hierárquicos ou de superintendência sobre aquela entidade para que execute a sentença em sua substituição[225]. Significa isto que se a decisão impugnada for do director do estabelecimento prisional é notificado o director-geral de reinserção e serviços prisionais para executar a sentença. Se a decisão impugnada tiver sido proferida pelo director-geral de reinserção e serviços prisionais é notificado o ministro da justiça para o mesmo efeito.

Caso a sentença permaneça por executar, o tribunal deverá ordenar a novamente a notificação da entidade com poderes de substituição sob cominação de desobediência (artigo 348º, nº 1, do Código Penal) e de denegação de justiça (artigo 369º, nº 1, do Código Penal). Permanecendo o incumprimento, o juiz deve mandar extrair certidão para procedimento criminal e comunicar a situação às entidades que possam exercer poderes fácticos sobre a entidade incumpridora.

Embora não exista registo de incumprimento de decisões proferidas em impugnações, verifica-se que o regime coercitivo é algo limitado e que numa situação limite os serviços prisionais podem arrastar a sua execução ou até nunca cumprir a sentença.

[224] Artigo 214º do CEPMPL.
[225] Artigo 215º do CEPMPL.

BIBLIOGRAFIA

ALBUQUERQUE, Paulo Pinto de – *Direito Prisional Português e Europeu,* Coimbra Editora, Coimbra, 2006.

____, *O que é a política criminal, porque precisamos dela e como a podemos construir?,* intervenção na conferência sobre "A reforma da justiça criminal em Portugal", organizada pelo Instituto Francisco Sá Carneiro no dia 24.11.2004, disponível em http://www.ucp.pt/site/resources/documents/Docente%20-%20Palbu/o%20que%20%C3%A9%20a%20pol%C3%ADtica%20criminal.pdf.

AMARAL, Diogo Freitas do – *Curso de Direito Administrativo,* 2ª edição, Almedina, Coimbra, 1996.

____, *Curso de Direito Administrativo,* reimpressão, 2ª edição, Almedina, Coimbra, 2001.

____, *O Poder Sancionatório da Administração P*ública, in Estudos Comemorativos dos 10 anos da Faculdade de Direito da Universidade Nova de Lisboa, vol. 1, Almedina, Coimbra, 2008, pág. 215 e segs.

____, *Direitos Fundamentais dos Administrados,* in Nos dez anos da Constituição, obra colectiva, organização de Jorge Miranda, Lisboa, 1986, nº 866.

____, /**ALMEIDA**, Mário Aroso de – *As grandes linhas de reforma do contencioso administrativo,* 2ª edição, Almedina, Coimbra, 2003.

ALMEIDA, Francisco de – *Breves considerações sobre a necessidade e meios de melhorar as prisões de Portugal,* Officina tipographica de Casimir, Paris, 1834.

ALMEIDA, Maria Rosa Crucho de – *Inquérito à Vitimação,* Gabinete de Estudos e Planeamento do Ministério da Justiça, Lisboa, 1994.

____, *Estudo sobre uma amostra de indivíduos em liberdade condicional,* Gabinete de Estudos e Planeamento do Ministério da Justiça, Lisboa, 1990.

ANTUNES, Maria João – *Consequências Jurídicas do Crime,* Lições para os alunos da disciplina de Direito Penal III da FDUC, edição da FDUC, Coimbra, 2010.

____, *O internamento de inimputáveis em estabelecimentos destinados a inimputáveis (os arts. 103.º, 104.º e 105.º do Código Penal de 1985)*, Coimbra Editora, Coimbra, 1993.

BARREIROS, José António – *As instituições criminais em Portugal no século XIX: subsídios para a sua História,* Análise Social, vol. XVI (63), Lisboa, 1980, págs. 587-612.
____, *Processo Penal - I,* Almedina, Coimbra, 1981.

BECCARIA, Cesare – *Dos delitos e das penas*, tradução de José de Faria Costa (da edição de 1766, Livorno), Fundação Calouste Gulbenkian, 3.ª edição, Lisboa, 2009.

BELEZA, Teresa Pizarro – *Direito penal,* vol. I, 2.ª edição, AAFDL, Lisboa, 1985.
____, *Direito penal,* vol. II, 1ª edição, AAFDL, Lisboa, 1983.
____, *"Their roots in many fields": a Criminologia no enclave da produção discursiva sobre o fenómeno criminal,* Sub Júdice, vol. XIII, Julho de 1998, Coimbra, págs. 35-49.

BETTIOL, Giuseppe – *Direito Penal. Parte Geral, tomo IV,* tradução de A. Taipa de Carvalho da 9.ª edição de 1976 (Pádua), Coimbra, Coimbra Editora, 1977.

BRANCO, António d'Azevedo Castello – *Estudos Penitenciários e Criminaes,* Lisboa, Typographia Casa Portugueza, 1988.

BRANCO, Camilo Castelo – *Memórias do cárcere,* Europa-América, Lisboa, 1982.

CAETANO, Marcelo – *Manual de Direito Administrativo,* 10ª edição, 5ª reimpressão, Almedina, Coimbra, 1994.

CANOTILHO, J. J. Gomes – *Direito Constitucional e Teoria da Constituição,* 7ª edição, Almedina, Coimbra, 2003.
____, /**MOREIRA**, Vital – *Constituição da República Portuguesa anotada,* vol. I, Reimpressão da 4ª edição revista de Novembro de 2006, Coimbra Editora, Coimbra, 2014.
____, /**MOREIRA**, Vital – *Constituição da República Portuguesa anotada,* vol. II, Reimpressão da 4ª edição revista de Julho de 2010, Coimbra Editora, Coimbra, 2014.

CARVALHO, Américo A. Taipa de – *Sucessão de leis penais,* Coimbra Editora, Coimbra, 1990.

CERVELLÓ DONDERIS, Vicenta – *Derecho Penitenciário,* 3.ª edição, Valência, Tirant lo Blanch, 2012.

CORDEIRO, J.C. Dias – *Psiquiatria Forense,* 3.ª edição, Fundação Calouste Gulbenkian, Lisboa, 2011.

CORREIA, Eduardo Henriques da Silva – *Estudos sobre a evolução das penas,* Boletim da Faculdade de Direito da Universidade de Coimbra, vol. LIII, Coimbra, 1977, págs.

51-310.

____, *Assistência prisional e post-prisional,* Boletim da Faculdade de Direito de Coimbra, suplemento XV, homenagem ao Doutor José Alberto dos Reis, vol. I, Coimbra, 1961, págs. 337-376.

COSTA, José Francisco de Faria – *Noções Fundamentais de Direito Penal (Fragmenta Iuris Poenalis). Introdução. A doutrina geral da infracção,* 3ª edição, Coimbra Editora, Coimbra, 2012.

____, *Tentativa e Dolo Eventual (ou da relevância da negação em processo penal),* separata do número especial do Boletim da Faculdade de Direito de Coimbra, Estudos em homenagem ao Prof. Doutor Eduardo Correia, reimpressão Coimbra, 1984.

CRUZ, Guilherme Braga da – *O movimento abolicionista a abolição da pena de morte em Portugal (Resenha histórica),* Colóquio Internacional Comemorativo do Centenário da Abolição da Pena de Morte em Portugal, vol. II, edição da FDUC, 1967, Coimbra, págs. 423-557.

CUNHA, Manuela Ivone P. Pereira da – *A prisão e as suas novas redundâncias,* Direito e Justiça, vol. especial, Lisboa, 2004, págs. 119-126, disponível em http://repositorium.sdum.uminho.pt/bitstream/1822/5226/3/A%20pris%C3%A3o%20e%20as%20suas%20novas%20redund%C3%A2ncias.pdf.

____, *Entre o bairro e a prisão: tráfico e trajectos,* Fim de Século, Lisboa, 2002.

____, *Malhas que a reclusão tece: questões de identidade numa prisão feminina,* Gabinete de Estudos Jurídico-Sociais do Centro de Estudos Judiciários, Lisboa, 1994.

____, *Prisão e sociedade. Modalidade de uma conexão.* In *Aquém e além da prisão. Cruzamentos e perspectivas* (org. Manuela Ivone V.P.P. Cunha), 90º Editora, Lisboa, 2008, disponível em http://repositorium.sdum.uminho.pt/handle/1822/7724.

____, *Aquém e além da prisão. Cruzamentos e perspectivas,* organização de Manuela Ivone P. Pereira da Cunha, 90º Editora, Lisboa, 2008.

DIAS, Jorge de Figueiredo – *Direito Penal Português, II. As Consequências Jurídicas do Crime,* 3ª reimpressão, Coimbra Editora, Coimbra, 2011.

____, – *Direito Penal Português. Parte Geral. Questões Fundamentais. A Doutrina Geral do Crime,* tomo 1, 2ª edição, 2ª reimpressão, Coimbra Editora, Coimbra, 2012.

____, /**ANDRADE**, Manuel da Costa – *Criminologia. O Homem Delinquente e a Sociedade Criminógena,* 2.ª reimpressão, Coimbra Editora, Coimbra, 1997.

FERRÃO, Francisco António Fernandes da Silva – *Teoria do Direito Penal aplicada ao Código Penal Portuguez,* vols. I e II, Lisboa, Typografia Universal, 1856-1857, disponíveis em http://www.fd.unl.pt/Anexos/Investigacao/973.pdf e http://www.fd.unl.pt/Anexos/Investigacao/2230.pdf [consultados a 25.02.2013].

FERREIRA, Manuel Cavaleiro de – *Lições de Direito Penal. A Lei Penal e a Teoria do Crime no Código Penal de 1982,* vol. I, Lisboa, Editorial Verbo, 1987.

____, *Lições de Direito Penal. Penas e Medidas de Segurança,* vol. II, Lisboa, Editorial Verbo, 1989.

FOUCAULT, Michel – *Vigiar e Punir: nascimento da prisão,* 27.ª edição, Petrópolis, Editora Vozes, 2003, tradução de Raquel Ramalhete.

FRAGA, Carlos Alberto Conde da Silva – *O Poder Disciplinar no Estatuto dos Trabalhadores da Administração Pública,* 2ª edição, Petrony Editora, Lisboa, 2013.

GASPAR, António Henriques – *A Convenção Europeia dos Direitos do Homem e o Direito Penal (normas materiais, âmbito de aplicação e controlo indirecto de subsidiariedade),* in Estudos em homenagem a Cunha Rodrigues, vol. I, Coimbra Editora, Coimbra, 2001.

GARAPON, Antoine – *Bem julgar. Ensaio sobre o ritual judiciário,* tradução de Pedro Filipe Henriques, Editora Piaget, Lisboa, 1999.

GIDDENS, Anthony – *Desvio e Criminalidade. Deviance and Crime,* Sub Júdice, vol. XIII, Coimbra, Julho de 1998, págs. 9-30.

GOMES, Conceição (coordenadora) – *A Reinserção Social dos Reclusos. Um contributo para o debate sobre a reforma do sistema prisional,* Observatório Permanente da Justiça Portuguesa – Centro de Estudos Sociais, Coimbra, 2003, disponível em http://opj.ces.uc.pt/portugues/relatorios/relatorio_14.html [consultado a 27.03.2013];
____, /**DUARTE**, Madalena e **ALMEIDA**, Jorge – *Crimes, Penas e Reinserção Social: um olhar sobre o caso português,* Actas dos ateliers do V Congresso Português de Sociologia, Braga, 2004, disponível em http://www.aps.pt/cms/docs_prv/docs/DPR4628adea6692c_1.pdf, pág. 27, [consultado a 21.04.2013].

GOMES, Inês Raquel Marques Neto – *Da Prisão à Liberdade: reinserção social de ex-reclusos,* Lisboa, 2008, disponível em http://repositorio-iul.iscte.pt/bitstream/10071/1366/1/Da%20prisao%20a%20liberdade.pdf [consultado a 31.03.2013].

GONÇALVES, Pedro Correia – *A Pena Privativa da Liberdade. Evolução histórica e doutrinal,* Quid Juris, Lisboa, 2009.

GONÇALVES, Rui Abrunhosa – *Delinquência, Crime e Adaptação à Prisão,* 3.ª edição, Quarteto Editora, Coimbra, 2008.

GOUVEIA, António Ayres de – *A Reforma das Cadeias em Portugal,* Coimbra, Imprensa da Universidade, 1860, disponível em http://www.fd.unl.pt/Anexos/Investigacao/1263.pdf [consultado a 25.02.2013].
____, *Resenha das principais cadeias da Europa,* Imprensa da Universidade, Coimbra, 1860.

HERCULANO, Alexandre – *História de Portugal,* vol. XVII, Círculo de Leitores, Lisboa, 1987.

HERZOG-EVANS, Martine – *Droit Pénitenciaire,* 2.ª edição, Éditions Dalloz, Paris, 2012.

HESPANHA, António Manuel, *A punição e a graça,* História de Portugal, coordenação de José Matoso, vol. IV, Lisboa, Círculo de Leitores, 1994.

____, *Lei, Justiça e Litigiosidade. História e Prospectiva,* Fundação Calouste Gulbenkian, Lisboa, 1993.

____, *Da Iustitia à Disciplina. Textos, Poder e Política Penal no Antigo Regime,* Boletim da Faculdade de Direito (2), Coimbra, 1984, págs. 139-232.

JESCHECK, Hans-Henrich – *Tratado de Derecho Penal. Parte General,* vols. I e II, tradução da 3.ª edição alemã de Santiago Mir Puig e Muñoz Conde, Bosch, Barcelona, 1981.

JORDÃO, Levy Maria – *Commentario ao Código Penal Portuguez,* tomo I, Typographia de José Baptista Morando, Lisboa, 1853-4.

____; *O Fundamento do Direito de Punir,* Boletim da Faculdade de Direito, vol. LI, 1853, disponível em http://www.fd.unl.pt/Anexos/Investigacao/1003.pdf.

LARRAURI, Elena – *Controlo do Delito e Castigo nos Estados Unidos,* Sub Júdice, vol. XIII, Julho de 1998, Coimbra, págs. 31-34.

LEAL-HENRIQUES, Manuel de Oliveira – *Procedimento Disciplinar,* 4ª edição, Rei dos Livros, Lisboa, 2002.

LEITE, André Lamas – *Execução da Pena Privativa de Liberdade e Ressocialização: linhas de um esboço.* Revista de Criminologia e Ciências Penitenciárias, ano 1, n.º 1, Agosto de 2011, págs. 1 a 34, Rio de Janeiro, 2011.

LOPES, José Guardado – *Achegas para a História do Direito Penitenciário Português,* BMJ, nº 430 (Julho de 1996), 1993, Lisboa, págs. 5-173.

____, *A Superpopulação Prisional não é um Problema Novo em Portugal,* BMJ, n.º 474 (Março de 1998), Lisboa, págs. 5-13.

MALDONADO, Mário Artur da Silva – *Alguns Aspectos da História da Criminologia em Portugal,* 1960, http://www.fd.unl.pt/Anexos/Investigacao/1081.pdf.

MARTINS, A. Lourenço – *Medida da Pena. Finalidades. Escolha,* Coimbra Editora, Coimbra, 2011.

MATA, Caeiro da – *Actuais Tendências Legislativas em Matéria Criminal,* Revista da Universidade de Coimbra, vol. III, pp. 430-446, Coimbra, 1914 http://www.fd.unl.pt/Anexos/Investigacao/1001.pdf.

MELLO, Francisco Freire de – *Discurso sobre Delictos e Penas (e qual foi a sua proporção nas* *differentes épocas da nossa jurisprudência, principalmente nos três séculos primeiros da monarchia portugueza)*, Londres, Officina Portugueza, 1816, disponível em http://www.fd.unl.pt/Anexos/Investigacao/984.pdf.

MESQUITA, Paulo Dá – *O Concurso de Penas*, Coimbra Editora, Coimbra, 1997 (reimpressão em 2003).

MIR PUIG, Carlos – *Derecho Penitenciário. El cumprimento de la pena privativa de libertad*, 2.ª edição, Atelier Libros Jurídicos, Barcelona, 2012.

MOREIRA, José João Semedo – *Vidas Encarceradas: Estudo Sociológico de uma Prisão Masculina*, Lisboa, Gabinete de Estudos Jurídico-Sociais do Centro de Estudos Judiciários, 1994.

MOREIRA, Nuno Costa – *Sofrimento, Desespero e Comportamentos Suicidários na Prisão*, Quarteto Editora, Coimbra, 2008.

NEVES, Ana Fernanda – *Direito Disciplinar da Função* Pública, vol. I, Lisboa, 2007, http://repositorio.ul.pt/bitstream/10451/164/1/ulsd054620_td_vol_1.pdf.

____, *Direito Disciplinar da Função* Pública, vol. II, Lisboa, 2007, http://repositorio.ul.pt/bitstream/10451/164/2/ulsd054618_td_vol_2.pdf.

ROCHA, João Luís Moraes (coordenador) – *Entre a Reclusão e a Liberdade. Estudos Penitenciários*, vol. I, Almedina, Coimbra, 2005.

____, (coordenador) *Entre a Reclusão e a Liberdade. Pensar a Reclusão*, vol. II, Almedina, Coimbra, 2008.

____, /**OLIVEIRA**, Isabel Tiago – *Reclusões*, Números e Interrogações. In *Entre a Reclusão e a Liberdade. Estudos Penitenciários*, vol. I, págs. 67-99, Almedina, Coimbra, 2005.

____, /**MIGUEL**, Ana – *Não voltar...* In *Entre a Reclusão e a Liberdade. Estudos Penitenciários*, vol. I, págs. 159-241, Almedina, Coimbra, 2005.

____, /**CONSTANTINO**, Sónia Maria Silva – *Reclusão e Mudança*. In *Entre a Reclusão e a Liberdade. Pensar a Reclusão*, vol. II, págs. 115-193, Almedina, Coimbra, 2008.

ROCHA, Manuel António Lopes – *Execução das Penas e Medidas de Segurança Privativas de Liberdade*, Jornadas de Direito Processual Penal. O novo Código de Processo Penal, Lisboa, 1988, págs. 475 e segs.

RODRIGUES, Anabela Miranda – *Novo Olhar sobre a Questão Penitenciária (Estatuto Jurídico do Recluso e Socialização. Jurisdicionalização. Consensualismo e Prisão)*, 2.ª edição, Coimbra Editora, Coimbra, 2002.

____, *A Fase de Execução das Penas e Medidas de Segurança no Direito Português*, BMJ, nº 380, Lisboa, págs. 5-58.

____, *A Posição Jurídica do Recluso na Execução da Pena Privativa de Liberdade, seu Fundamento e Âmbito*, Boletim da Faculdade de Direito, *separata do vol. XXIII*, Coimbra, 1982.

SANTOS, José Beleza dos – *Os Tribunais de Execução das Penas em Portugal (Razões determinantes da sua criação – estrutura – resultados e sugestões)*, Boletim da Faculdade de Direito, suplemento XV, Homenagem ao Doutor José Alberto dos Reis, vol. I, Coimbra, 1961, págs. 287-335.
____, *Nova Organização Prisional Portuguesa (Alguns princípios e realizações)*, Boletim da Faculdade de Direito, vol. XXII, Coimbra, 1946, págs. 1-43.
____, *O Fim da Prevenção Especial das Sanções Criminais. Valor e Limites*, BMJ, n.º 73, Lisboa, 1958, págs. 5-29.
____, *Relatório sobre os Estabelecimentos Prisionais* (1939), Lisboa, 1955.

SANTOS, Maria José Moutinho – *A Sombra e a Luz. As Prisões do Liberalismo*, Lisboa, Edições Afrontamento, 1999.
____, *Pensar a História das Prisões em Portugal: entre Resultados e Desafios*, Direito e Justiça, volume especial, Lisboa, págs. 35 a 45.

SILVA, Germano Marques da – *Direito Penal Português. Parte Geral I.* Editorial Verbo, Lisboa, 2001.
____, *Direito Penal Português. Parte Geral III. Teoria das Penas e das Medidas de Segurança*, Editorial Verbo, Lisboa, 1999.
____, *Curso de Processo Penal*, vol. I, Editorial Verbo, Lisboa, 1993.
____, *Curso de Processo Penal*, vol. II, Editorial Verbo, Lisboa, 1993.
____, *Curso de Processo Penal*, vol. III, Editorial Verbo, Lisboa, 1994.

SOUSA, António Francisco – *Conceitos Indeterminados no Direito Administrativo*, Almedina, Coimbra, 1994.

SOUSA, Marcelo Rebelo de /**MATOS**, André Salgado de Matos – *Direito Administrativo Geral. Introdução e Princípios Gerais*, Editora D. Quixote, 2ª edição, 2006.

VIEIRA, Hernâni – *Prisões: da Intervenção Institucional à Desinstitucionalização das Intervenções*, Temas Penitenciários, Série III, n.ºs 1 e 2, págs. 35-41 Lisboa, edição da Direcção-Geral dos Serviços Prisionais, 2005.

VIEIRA, R. – *Perturbações Sexuais*, in Manual de Psiquiatria Clínica (org. J.C. Dias Cordeiro), Fundação Calouste Gulbenkian, 2ª edição, Lisboa, 2002, págs. 157-206.
____, *Síndrome Delirante. Perturbação Delirante*, in Manual de Psiquiatria Clínica (org. J.C. Dias Cordeiro), Fundação Calouste Gulbenkian, 2ª edição, Lisboa, 2002, págs. 611-620.
____, *Síndromes Esquizofreniformes e Esquizofrénicas*, in Manual de Psiquiatria Clínica (org. J.C. Dias Cordeiro), Fundação Calouste Gulbenkian, 2ª edição, Lisboa, 2002, págs. 621-653.